Hanon
O PIANISTA VIRTUOSO
Completo

60 exercícios pelo original

e

Henry Lemoine
Escalas e Exercícios Técnicos

Revisão de:
**Belmira Cardoso e
Mário Mascarenhas**

Nº Cat.: 308-M

Irmãos Vitale Editores Ltda.
vitale.com.br
Rua Raposo Tavares, 85 São Paulo SP
CEP: 04704-110 editora@vitale.com.br Tel.: 11 5081-9499

© Copyright 1983 by Irmãos Vitale Editores Ltda. - São Paulo - Rio de Janeiro - Brasil.
Todos os direitos autorais reservados para todos os países. *All rights reserved.*

Dados Internacionais de Catalogação na Publicação (CIP)
(Câmara Brasileira do Livro, SP, Brasil)

Hanon
   O pianista virtuoso completo : 60 exercícios pelo original /
Hanon. Escalas e exercícios técnicos / Henry Lemoine ;
revisão de Belmira Cardoso e Mário Mascarenhas.
São Paulo : Irmãos Vitale

   1. Piano - Estudo e ensino I. Lemoine, Henry. II. Título.

ISBN n° 85-85188-49-9
ISBN n° 978-85-85188-49-8

97-1773   CDD- 786.207

Indices para catálogo sistemático:

1 Piano : Método : Estudo e ensino : 786.07

ENCONTRO DE DOIS GÊNIOS

Ao elaborar esta obra, nos pareceu oportuno, ao invés de fazermos um prefácio, oferecer aos estudantes duas breves biografias destes grandes autores.

Estamos certos de que esta obra será de grande utilidade, pois conseguimos reunir num só volume, esses dois Grandes Mestres da Técnica Pianística: HANON e LEMOINE!

CHARLES LOUIS HANON

Organista e Professor de Piano, nasceu em Boulogne-sur-Mer, em 1820, e faleceu em 1.º de Março de 1900.

Sua principal obra "O PIANISTA VIRTUOSO", constando de 60 exercícios progressivos para o ensino do Piano, é considerada mundialmente célebre.

Destacam-se também inúmeros trabalhos didáticos importantes, tais como: "Methode Elementaire de Piano"; um interessante trabalho pedagógico "Système Nouveau pour apprendre à accompanher tout plain-chant sans savoir la Musique"; revisor de uma importante obra de 50 extratos para o ensino do Piano, com 50 "Cantiques Choisis", (cânticos eclesiásticos) e muitos outros.

HENRY LEMOINE

Célebre pianista e compositor francês, estudou no Conservatório de Paris e Harmonia com Reicha.

Foi um dos mais famosos e disputados professores de Piano daquela época.

Em 1817, tomou conta da editora fundada por seu pai, que falecera, e em pouco tempo a colocou entre as primeiras da França.

Compôs grande número de Estudos, Sonatas, Variações para piano; Petite Mèthode Elementaire de Piano; Traité d'Harmonie Pratique; Solfège des Solfèges, (10 cadernos); Tablettes du Piano; Momento du Professeur de Piano.

Nasceu em 21 de Outubro de 1786, em Paris e faleceu em 18 de Maio de 1854.

Seu "MÉTODO DE PIANO", em duas Partes e um anexo com Escalas e Arpejos, adotado em todo mundo, deram-lhe a glória e a consagração.

Os revisores
BELMIRA CARDOSO e MÁRIO MASCARENHAS

O PIANISTA VIRTUOSO

PRIMEIRA PARTE

Exercícios preparatórios para conseguir agilidade, independência, força e a mais perfeita igualdade de todos os dedos.

Deve-se estudar os 20 Exercícios desta 1ª Parte, começando pelo n° 60 do Metrônomo para chegar gradativamente ao n° 108.

A indicação do Metrônomo encontra-se no princípio de cada exercício.

Os dedos devem ser bem articulados, afim de que cada nota possa ser ouvida distintamente.

Extensão do 5° ao 4° dedo da mão esquerda ascendente e extensão do 5° ao 4° dedo da mão direita descendente.

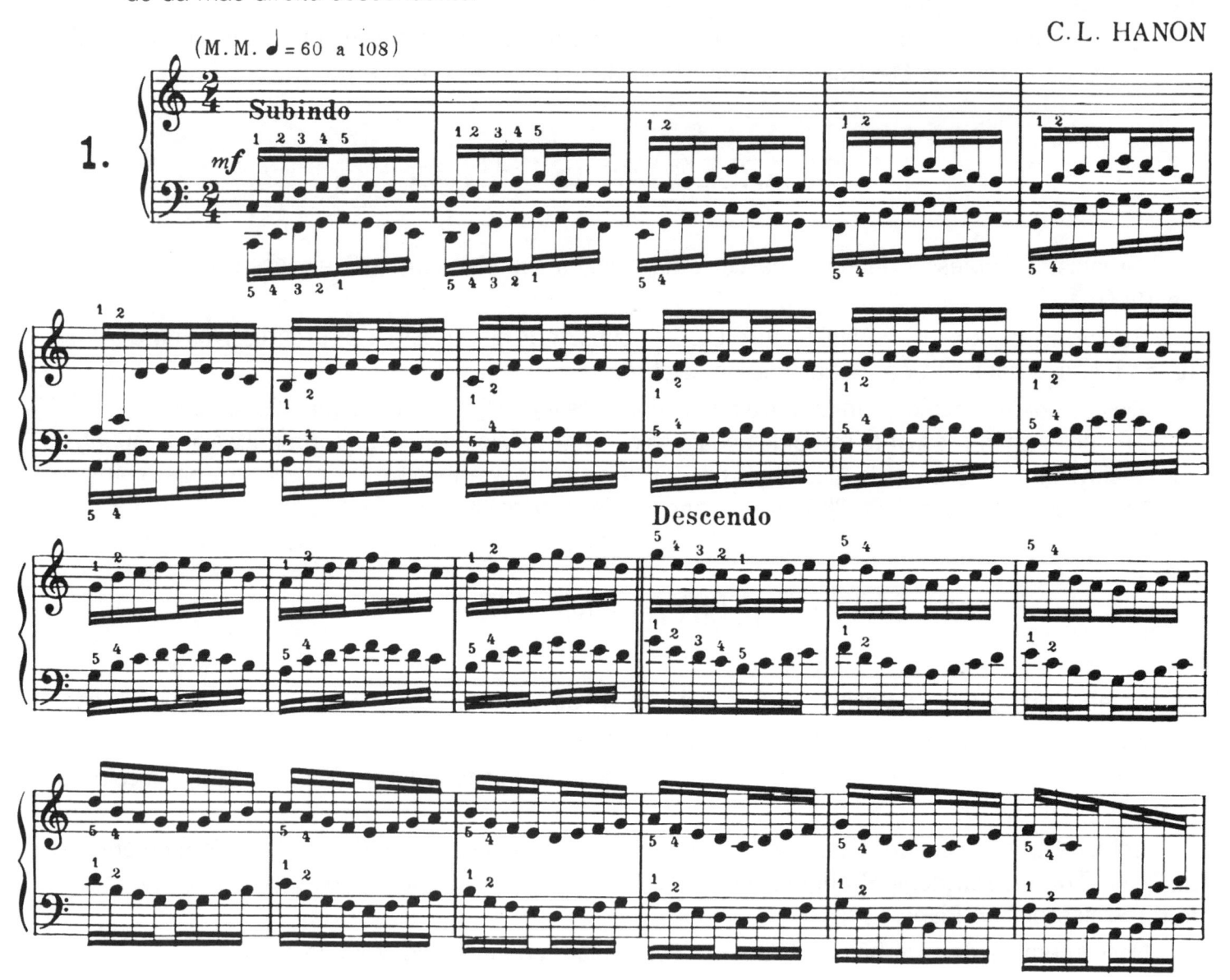

C. L. HANON

Para abreviar, só vamos colocar o dedilhado nos dedos que serão executados de um modo especial em cada estudo, assim como por exemplo (3-4) no n° 2, (4) no n° 3, etc.

Em todo este volume as duas mãos fazem constantemente as mesmas dificuldades, isto é, quando estas dificuldades são vencidas na mão esquerda ascendente, serão reproduzidas pelos mesmos dedos na mão direita descendente.

O resultado deste novo gênero de estudo, será a absoluta igualdade e habilidade das duas mãos.

Uma vez estudado este exercício, toque logo o 2º ligando-os, sem parar nesta nota.

Este segundo exercício é para dar elasticidade ao 3.º e 4.º dedos
Depois de bem estudados, este e o precedente, serão repetidos e executados quatro vezes sem interrupção. Com estes estudos, juntos com os seguintes, os dedos se fortalecerão consideravelmente.

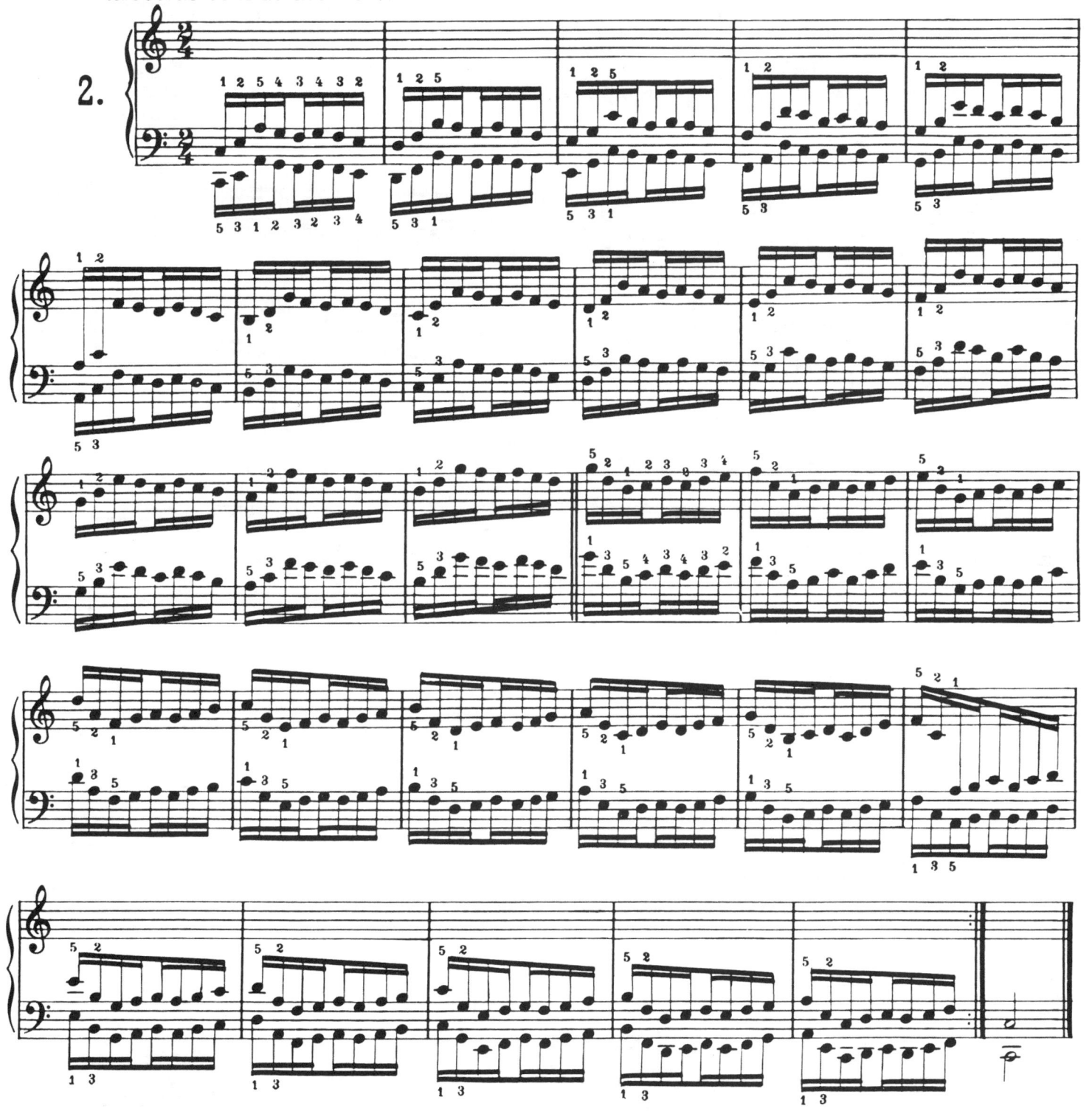

2.

Por natureza anatômica, sabemos que o 4.º e 5.º dedos são fracos. Este exercício e todos os seguintes (até o n.º 31), são compostos com o propósito de torná-los tão fortes como o 1.º e 2.º dedos

Exercício para dar igualdade ao 2.º, 3.º e 4.º dedos (AMBAS AS MÃOS)

Antes de começar o estudo do exercício seguinte, se executará os precedentes duas vezes sem interrupção alguma. Tão pronto se saiba bem o n.º 3, se estudará o n.º 4, e logo o n.º 5. Quando estiverem estudados perfeitamente, se executará os cinco, pelo menos três vezes sem parar. Um pequeno descanso se fará sobre a nota final do exercício n.º 5. Desta forma, e aumentando o número de exercícios estudados, se chegará ao final da Primeira Parte. Sendo assim, este pequeno descanso se fará sobre a última nota das lições n.º 2, 5, 8, 11, 14, 17 e 20.

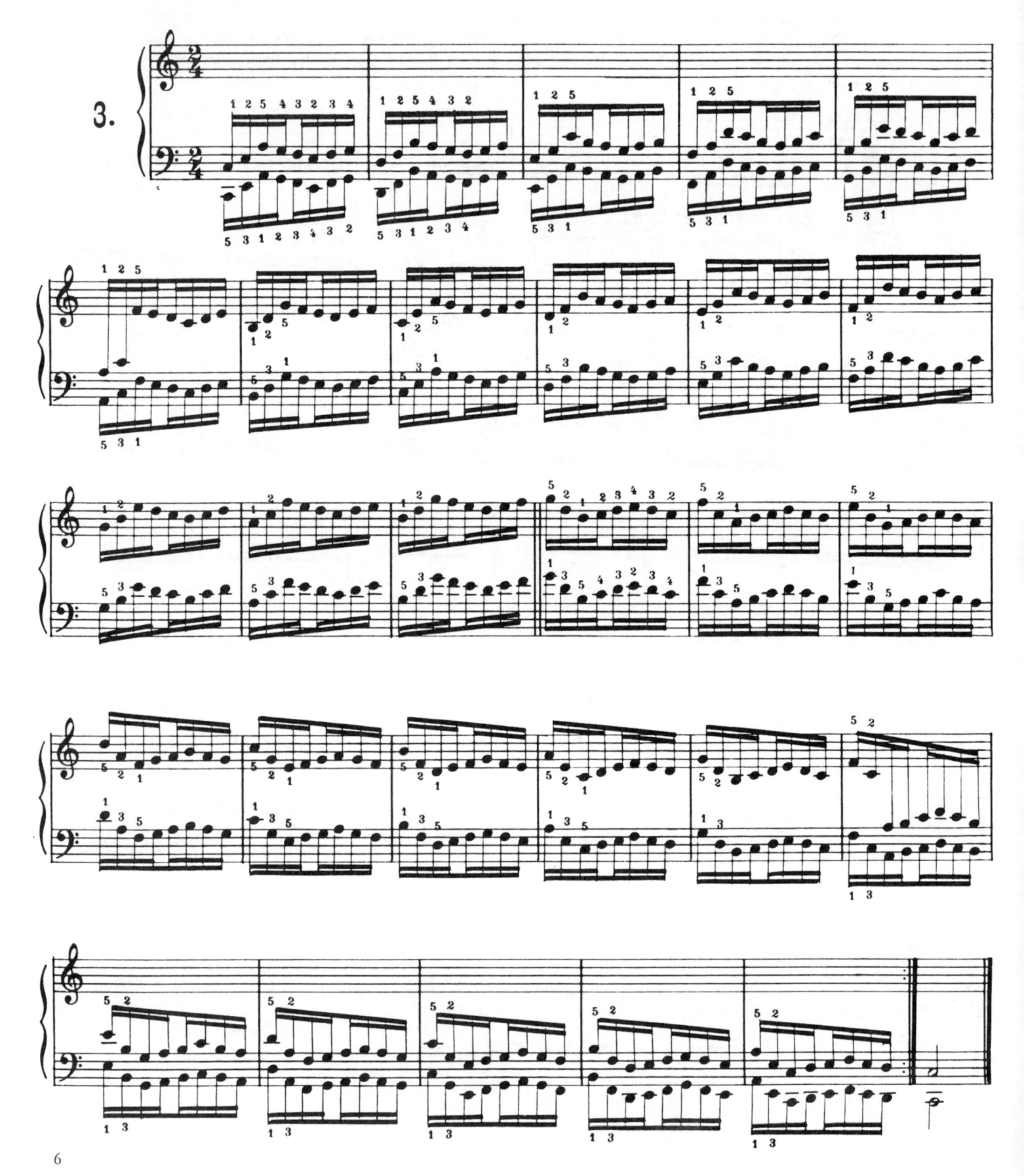

Exercício muito recomendado para o 3.º, 4.º e 5.º dedos de ambas as mãos.

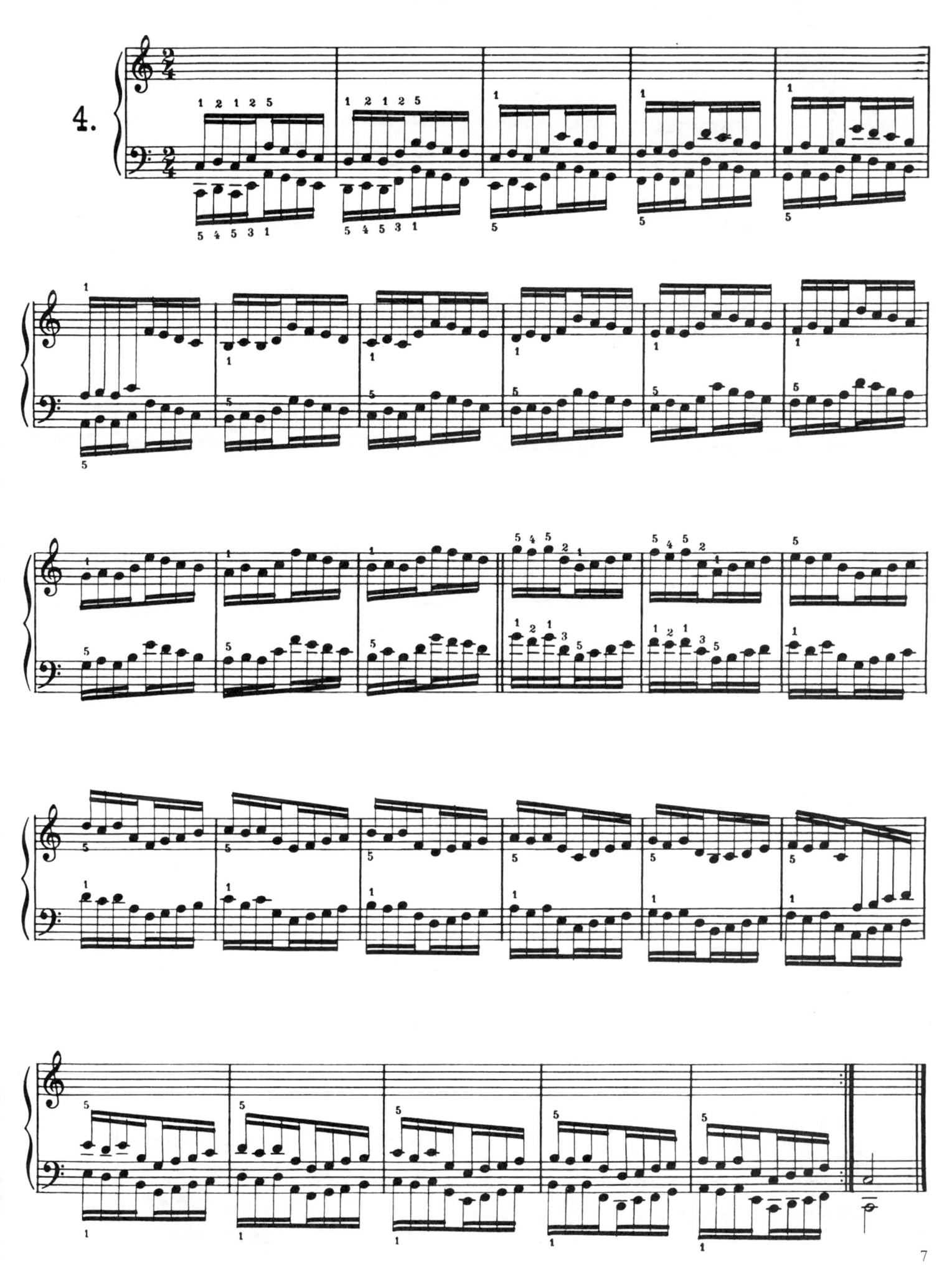

Recomendamos: articular bem os dedos, regra esta que não se deve descuidar nunca. Esta lição é preparatória para o Trinado com o 4.º e 5.º dedos da mão direita.

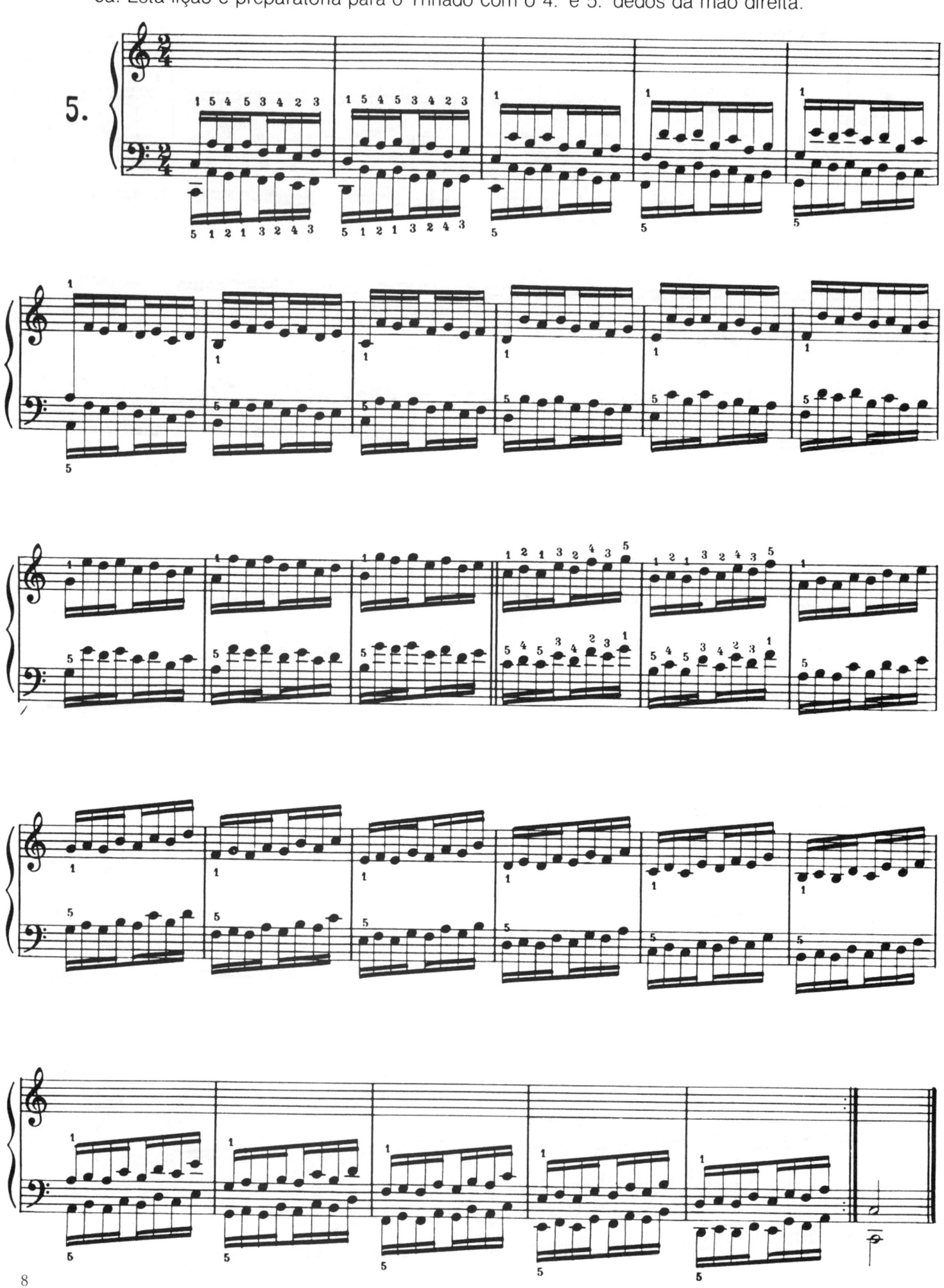

Para se conseguir ótimos resultados, é indispensável executar pelo menos uma vez por dia os exercícios aprendidos.

6.

Exercício muito interessante para flexibilidade dos 3.º, 4.º e 5.º dedos.

7.

Exercício importantíssimo para igualdade dos cinco dedos.

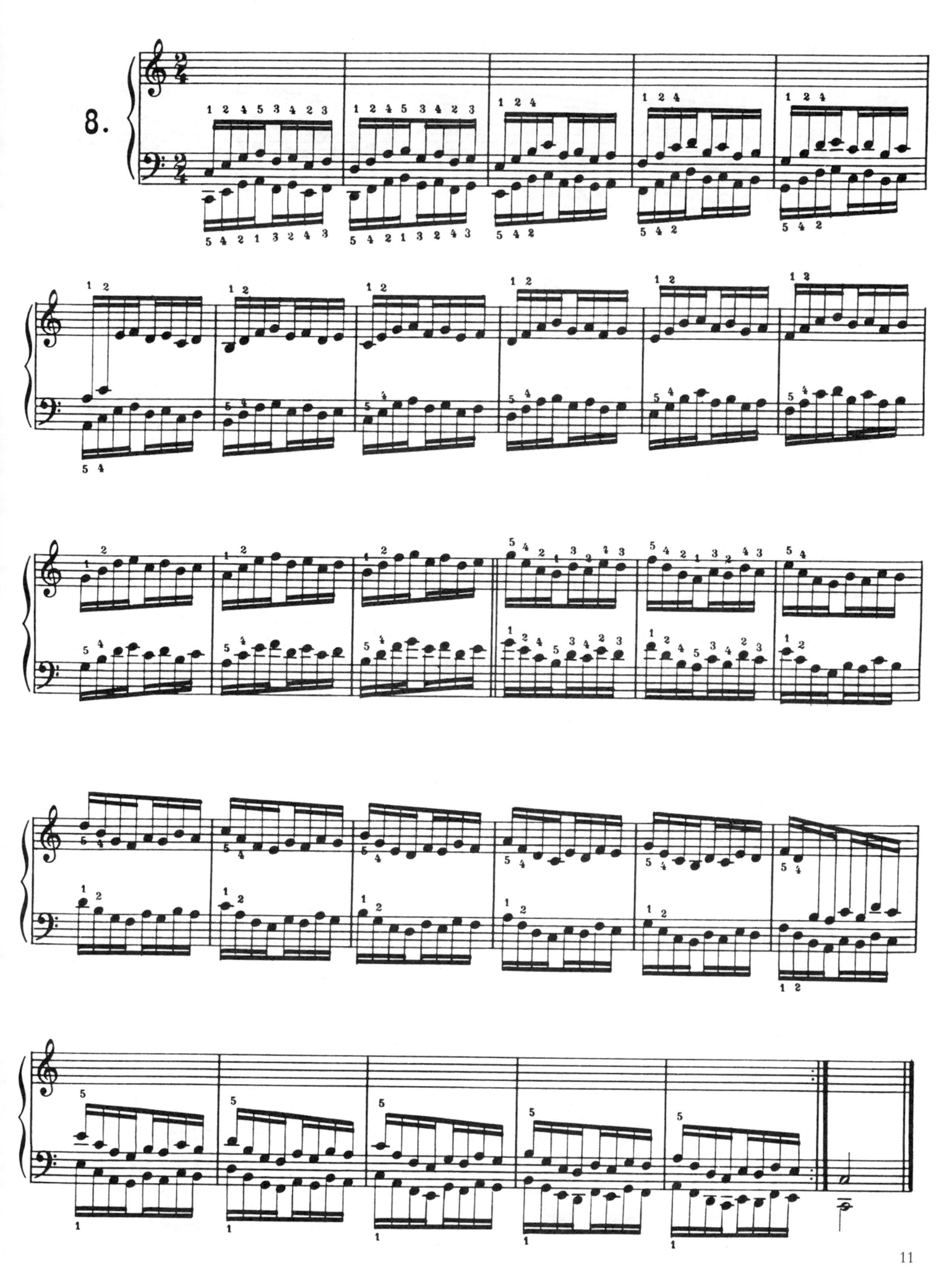

Extensão para o 4.º e 5.º dedos e articulação alternada para todos os dedos.

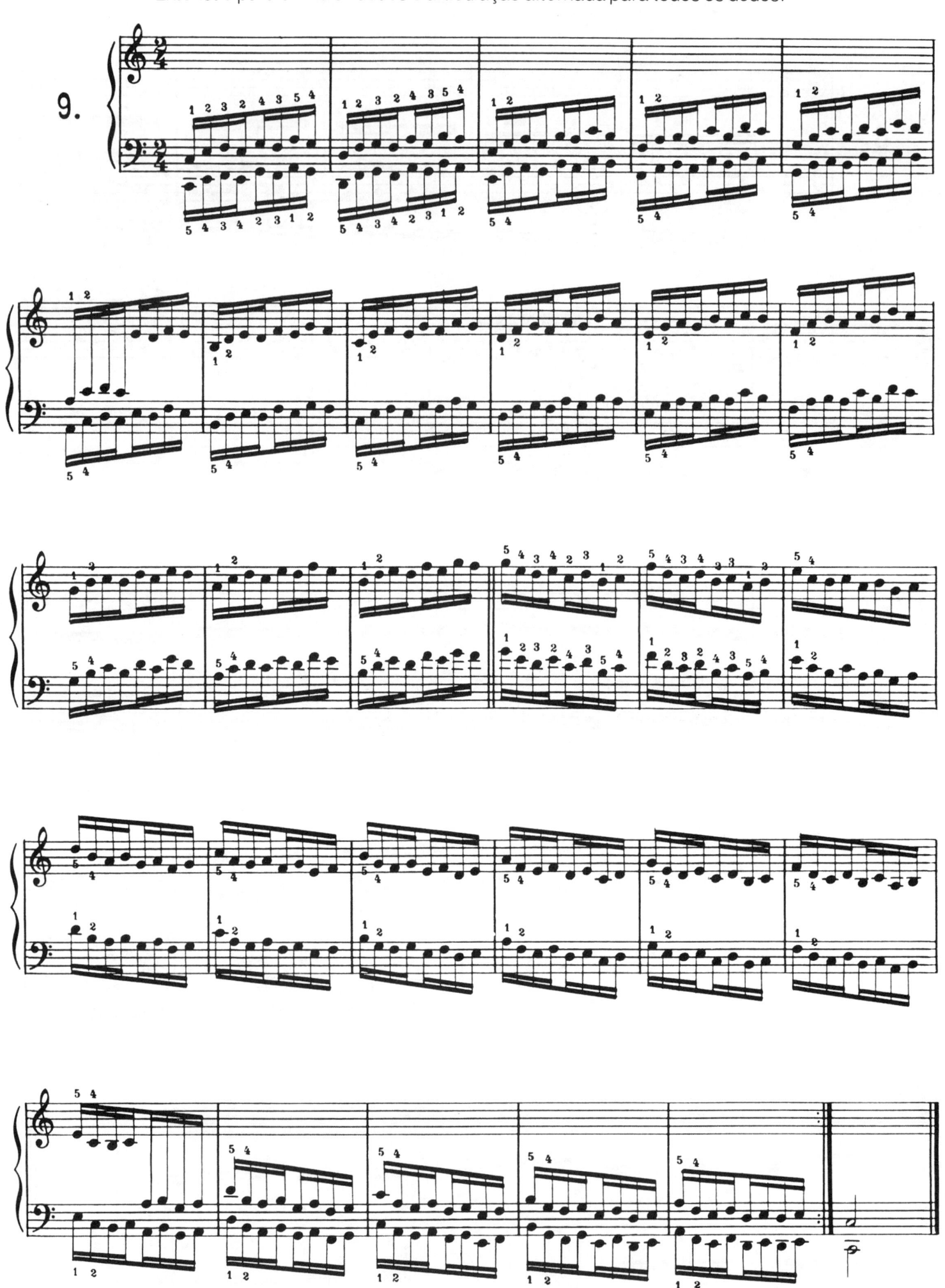

9.

Exercício preparatório para a execução do Trinado com o 3º e 4º dedos (mão esquerda subindo e direita descendo).

10.

Exercício preparatório para a execução do Trinado com o 4.º e 5.º dedos.

11.

Extensão do 1º e 5º dedos, e exercício para o 3º, 4º e 5º.

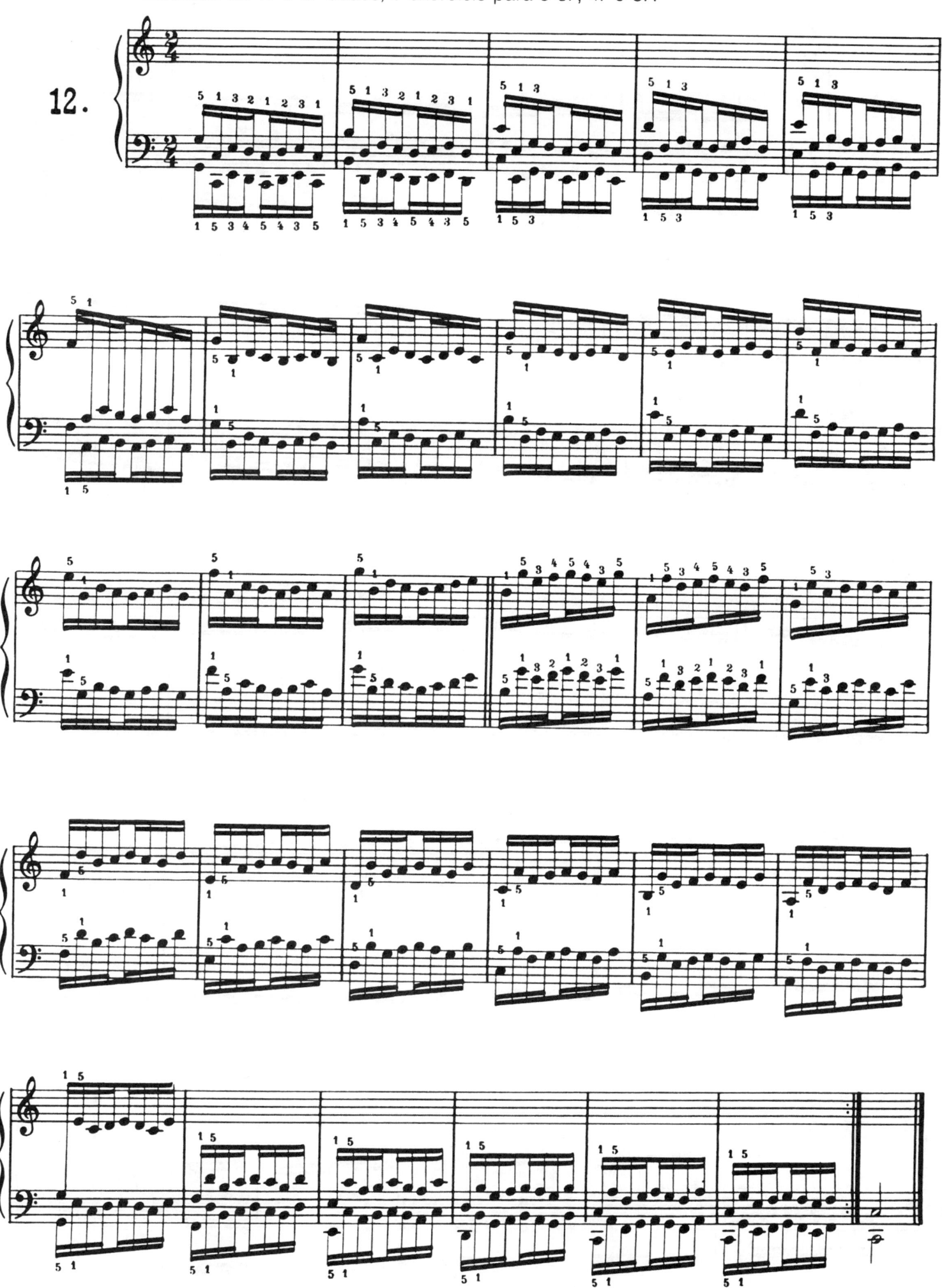

12.

Exercício para o 3.º, 4.º e 5.º dedos.

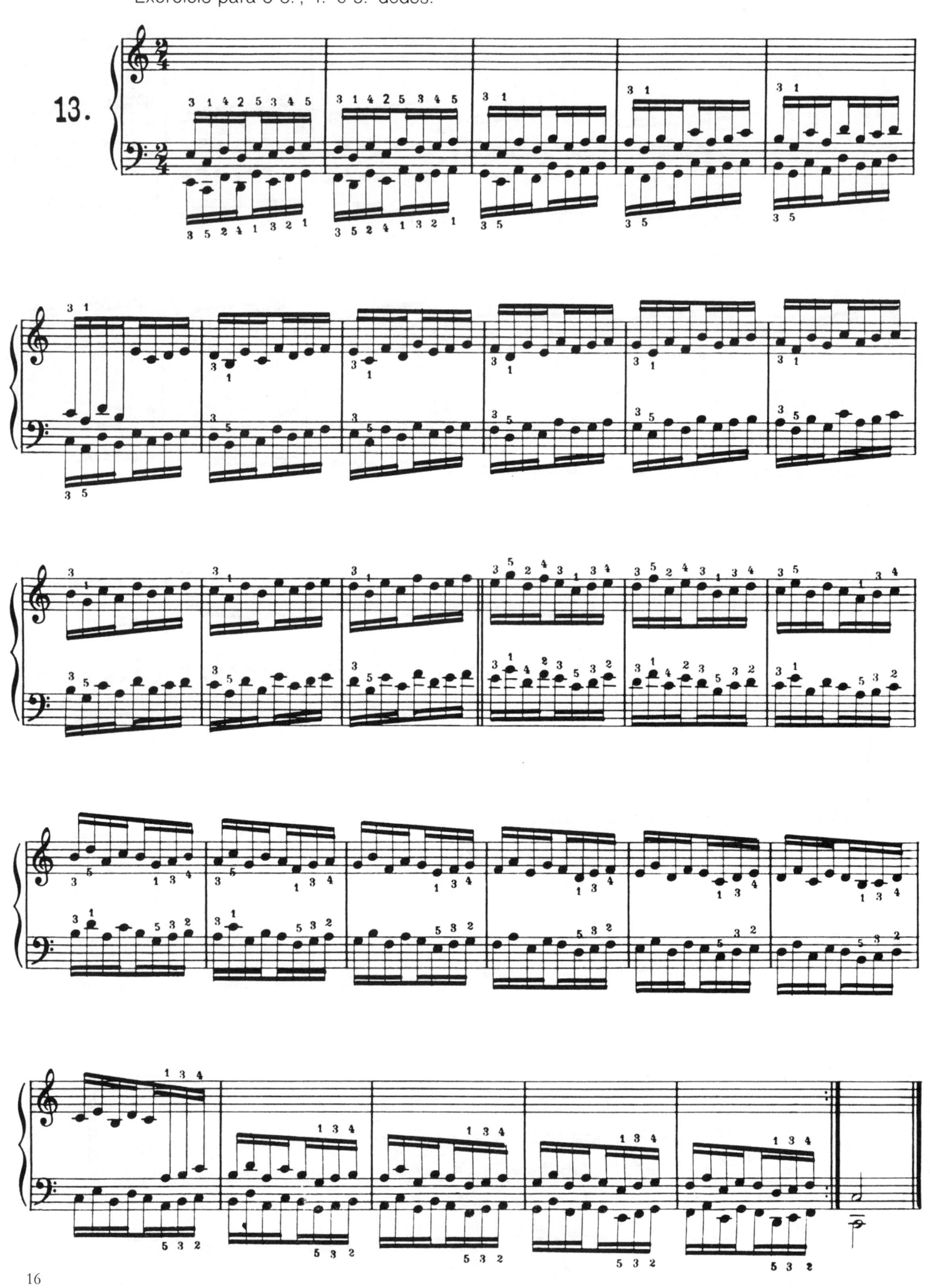

13.

Outra preparação para o Trinado com os dedos 3º e 4º.

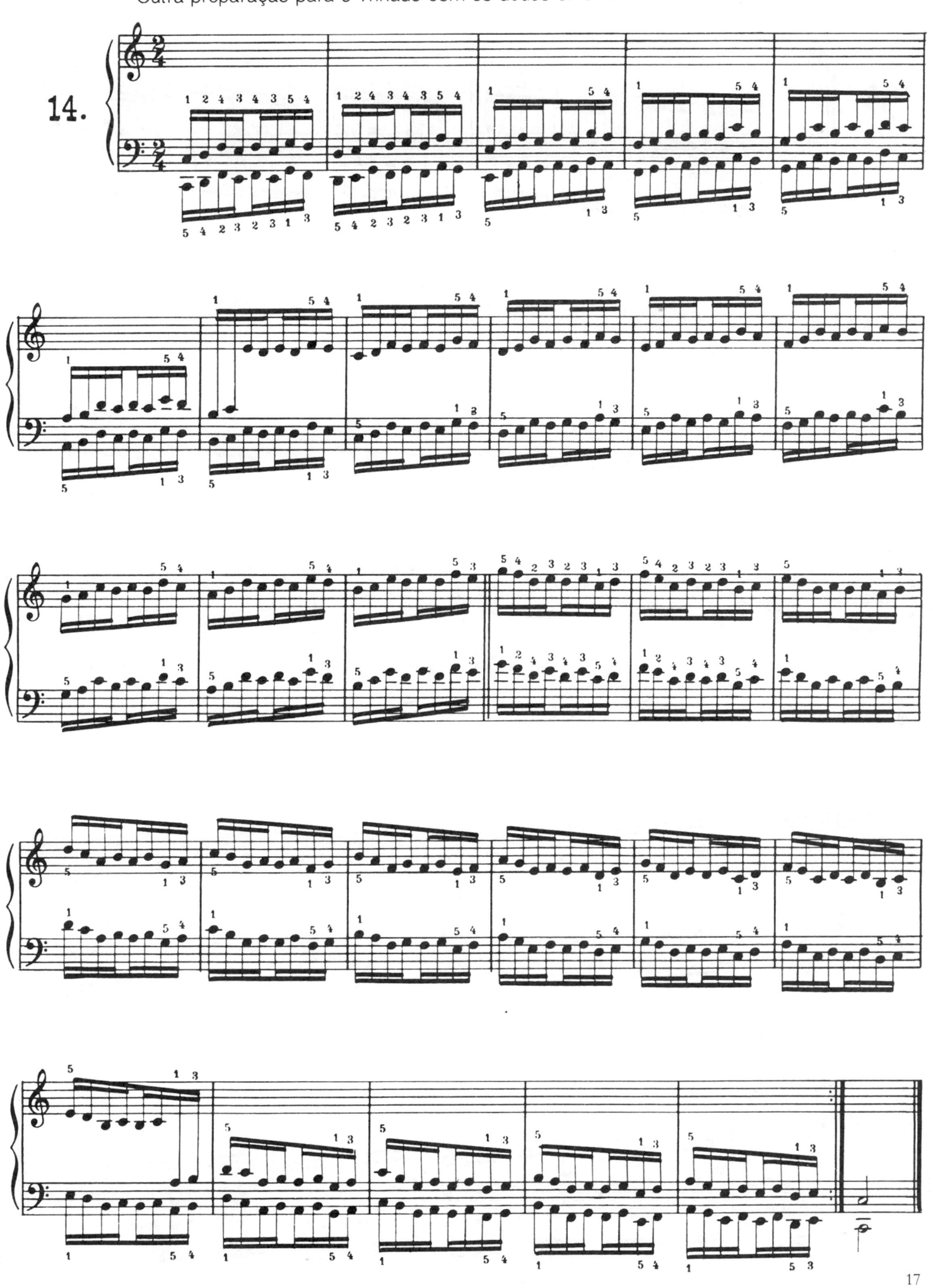

14.

Extensão do 1º e 2º, e exercício para os cinco dedos.

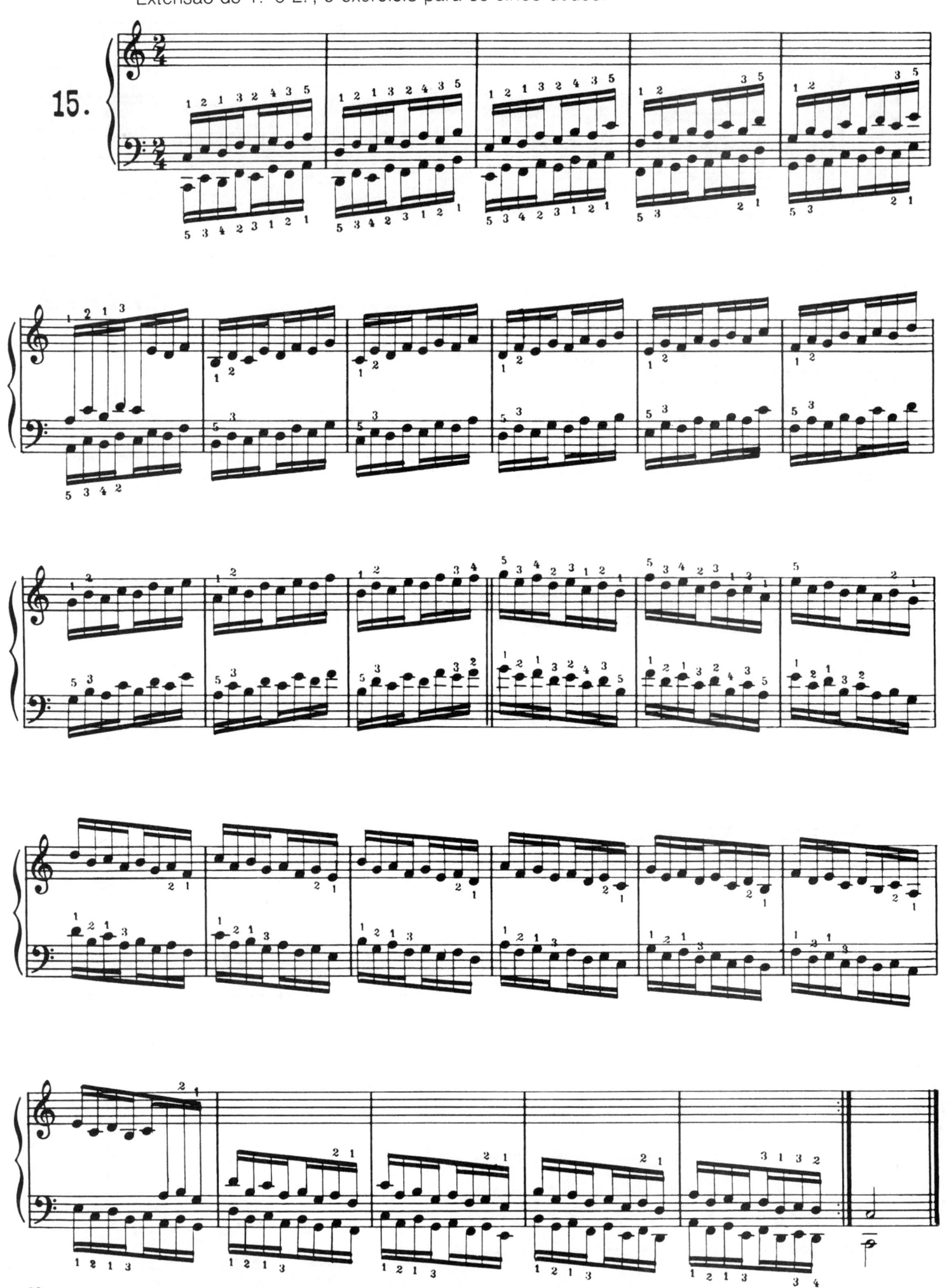

15.

Extensão do 3.º e 5.º; exercício para o 3.º, 4.º e 5.º dedos.

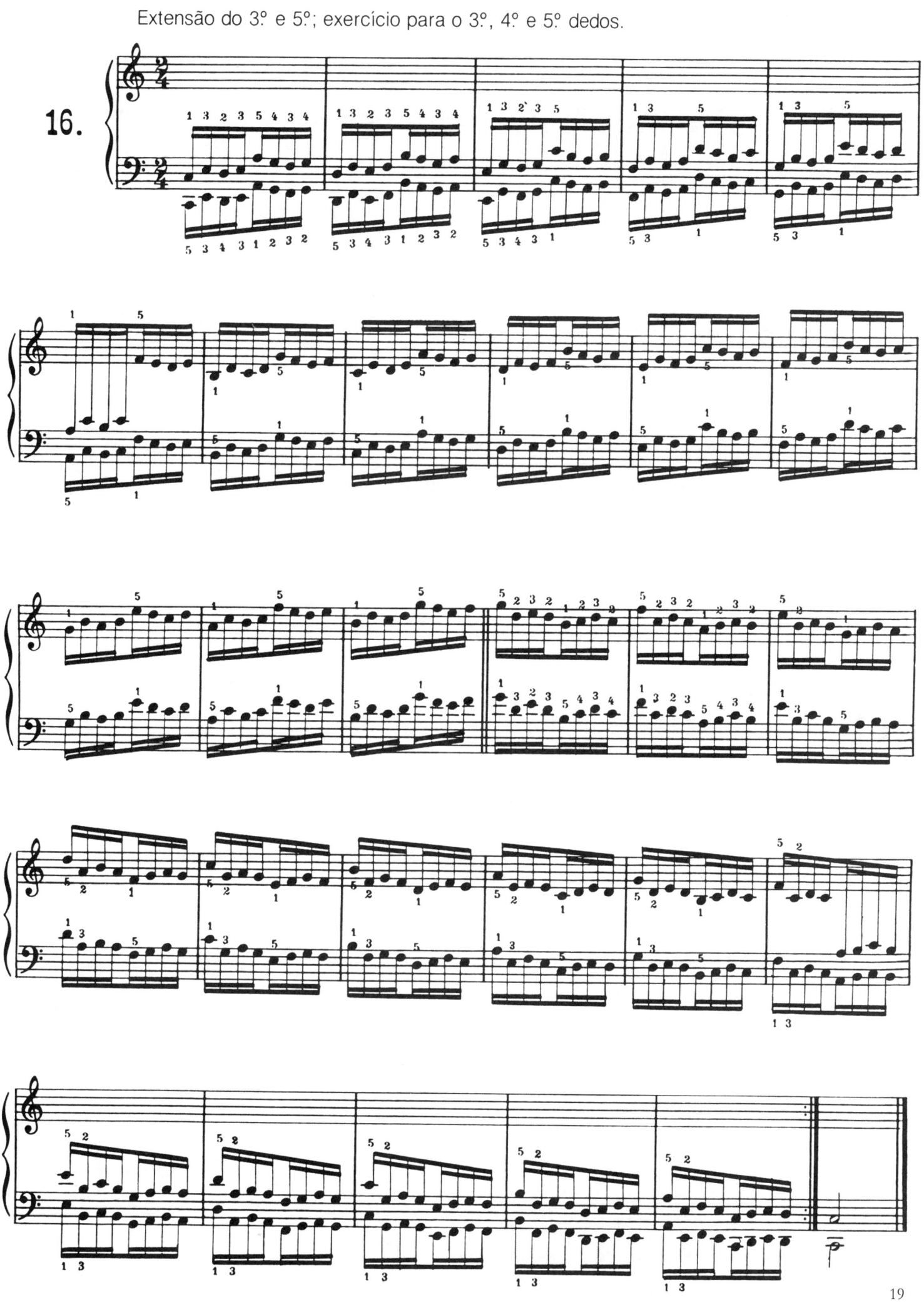

16.

Extensão para 1º-2º, 2º-4º, 4º-5º e exercício para o 3º, 4º e 5º dedos.

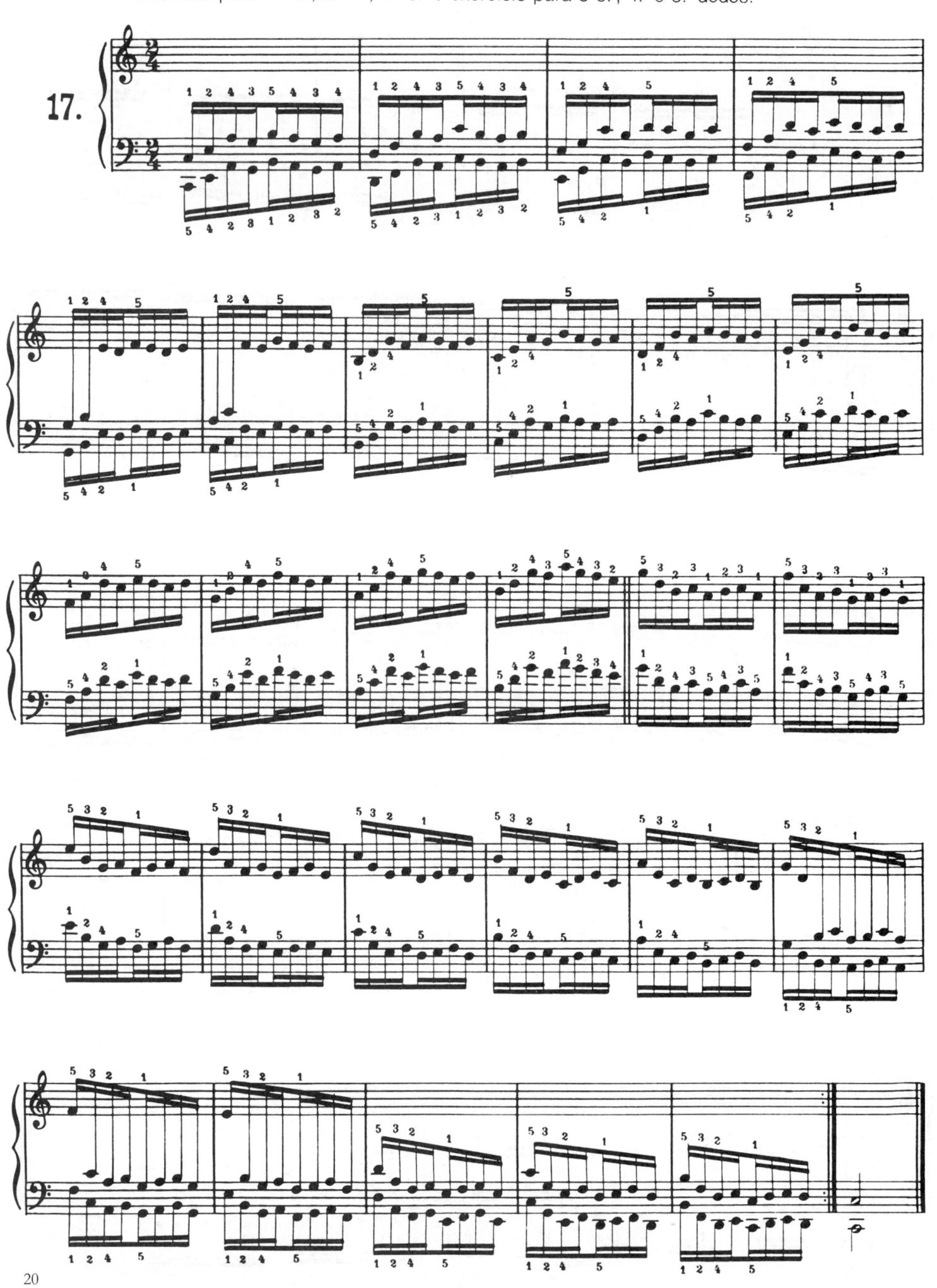

Exercício para os cinco dedos.

18.

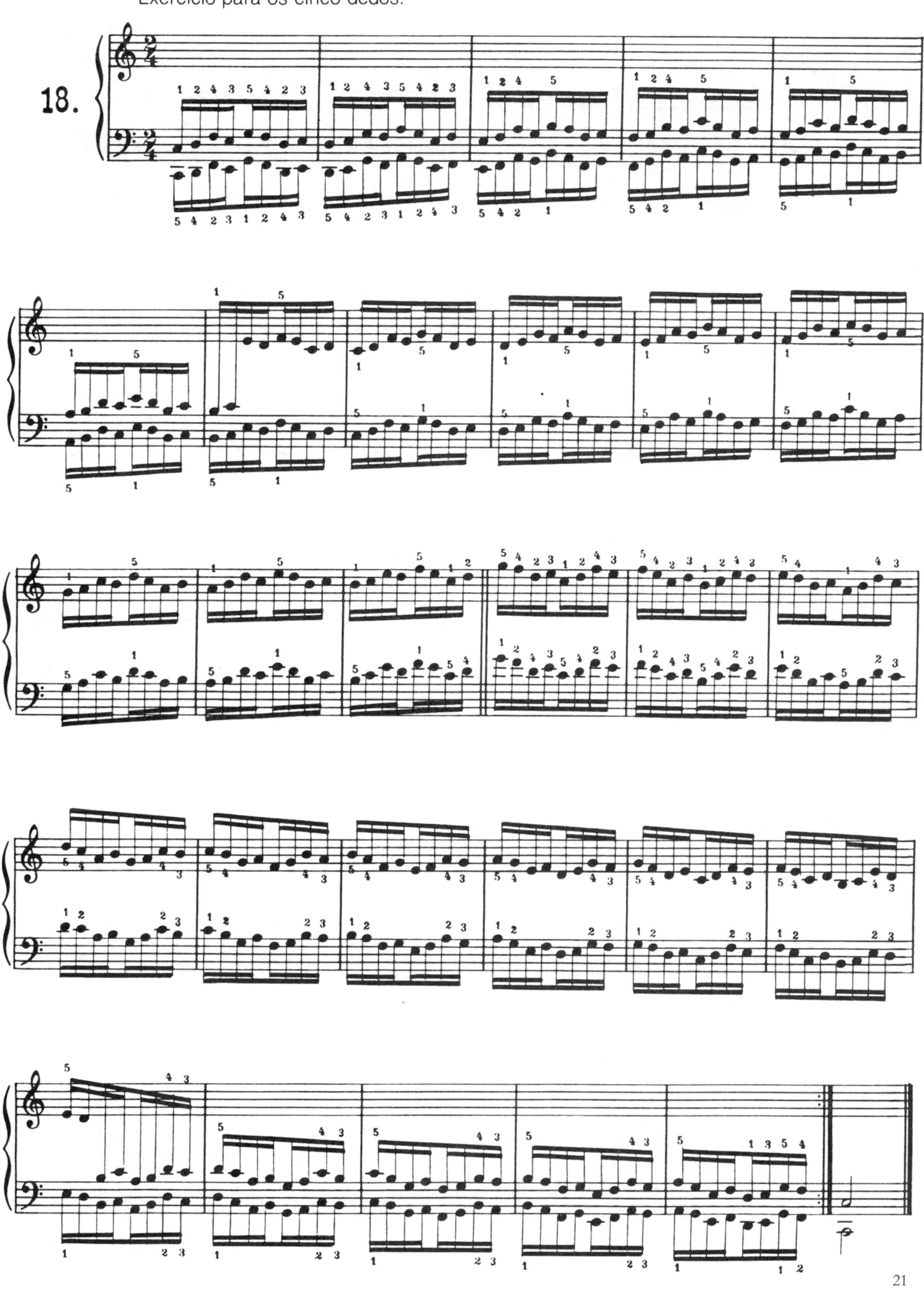

Outro exercício para a prática dos cinco dedos.

19.

Extensão do 2º-4º, 4º-5º e exercício para o 2º, 3º e 4º dedos.

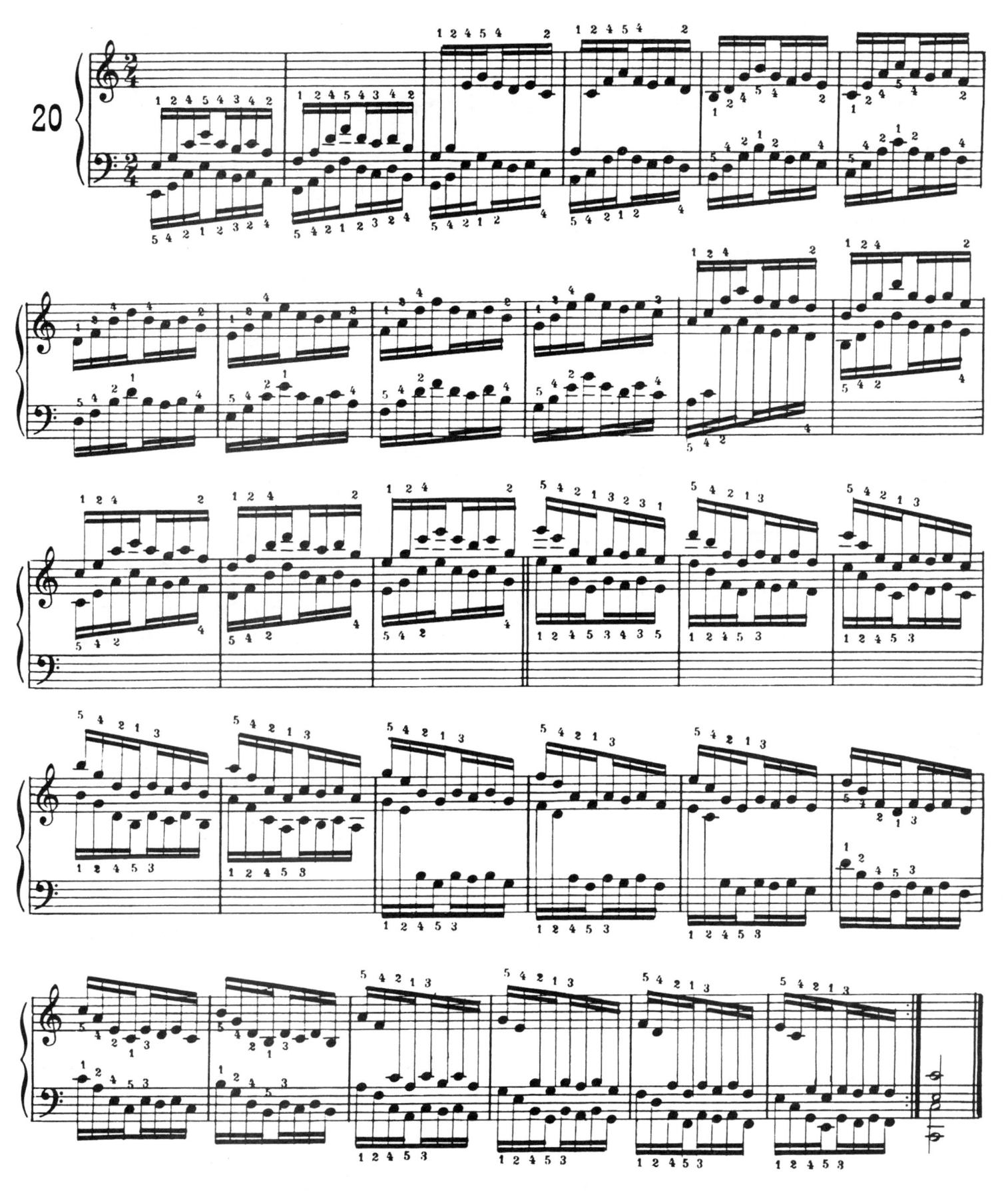

FIM DA PRIMEIRA PARTE

Quando o discípulo souber a Primeira Parte, será bom repassar todos os dias, durante algum tempo, antes de começar o estudo da Segunda Parte; poderá assim, obter todo o proveito desta obra. Após vencer a Primeira Parte estará apto para estudar a Segunda Parte.

SEGUNDA PARTE

Exercícios transcendentes para preparar os dedos aos estudos da virtuosidade.

Observe neste exercício, que o trabalho dado ao 3º, 4º e 5º dedos da mão esquerda, no primeiro tempo de cada compasso, está repetido em sentido inverso, para os mesmos dedos da mão direita, no terceiro tempo de cada compasso.

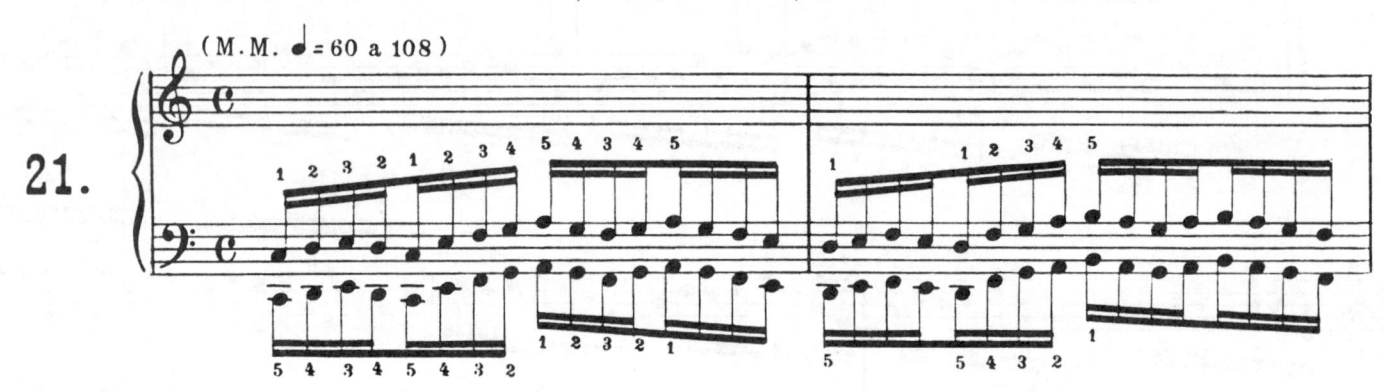

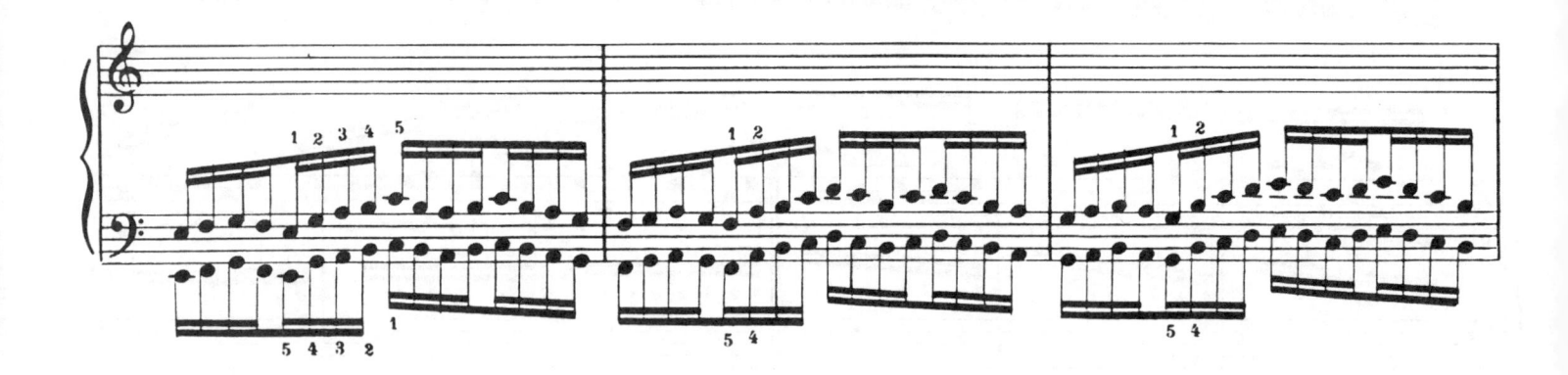

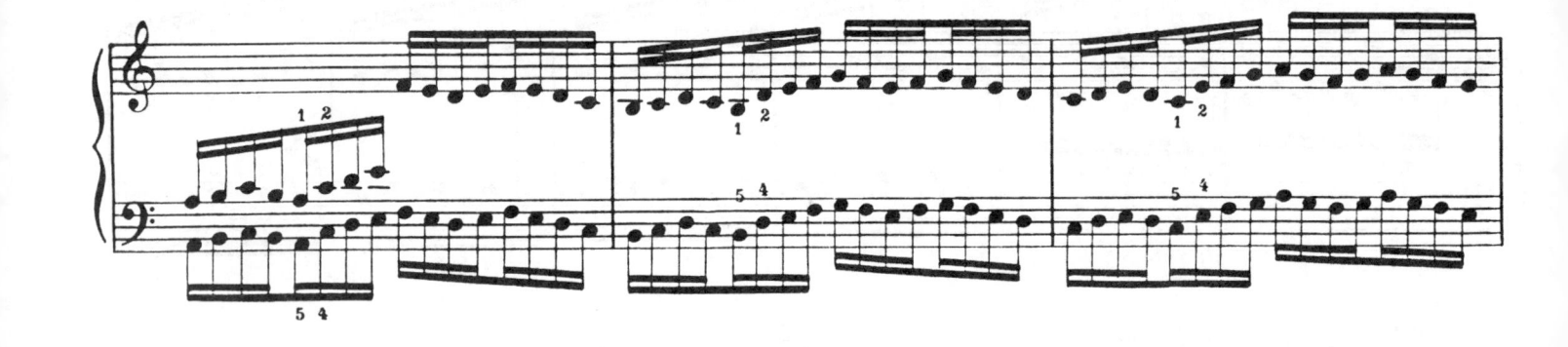

21. (M.M. ♩ = 60 a 108)

Assim como a Primeira Parte, praticar estes exercícios começando com o Metrônomo em 60 oscilações por minuto, aumentando gradativamente até chegar a 108. Os que não levam indicação metronômica, também serão estudados da mesma forma.

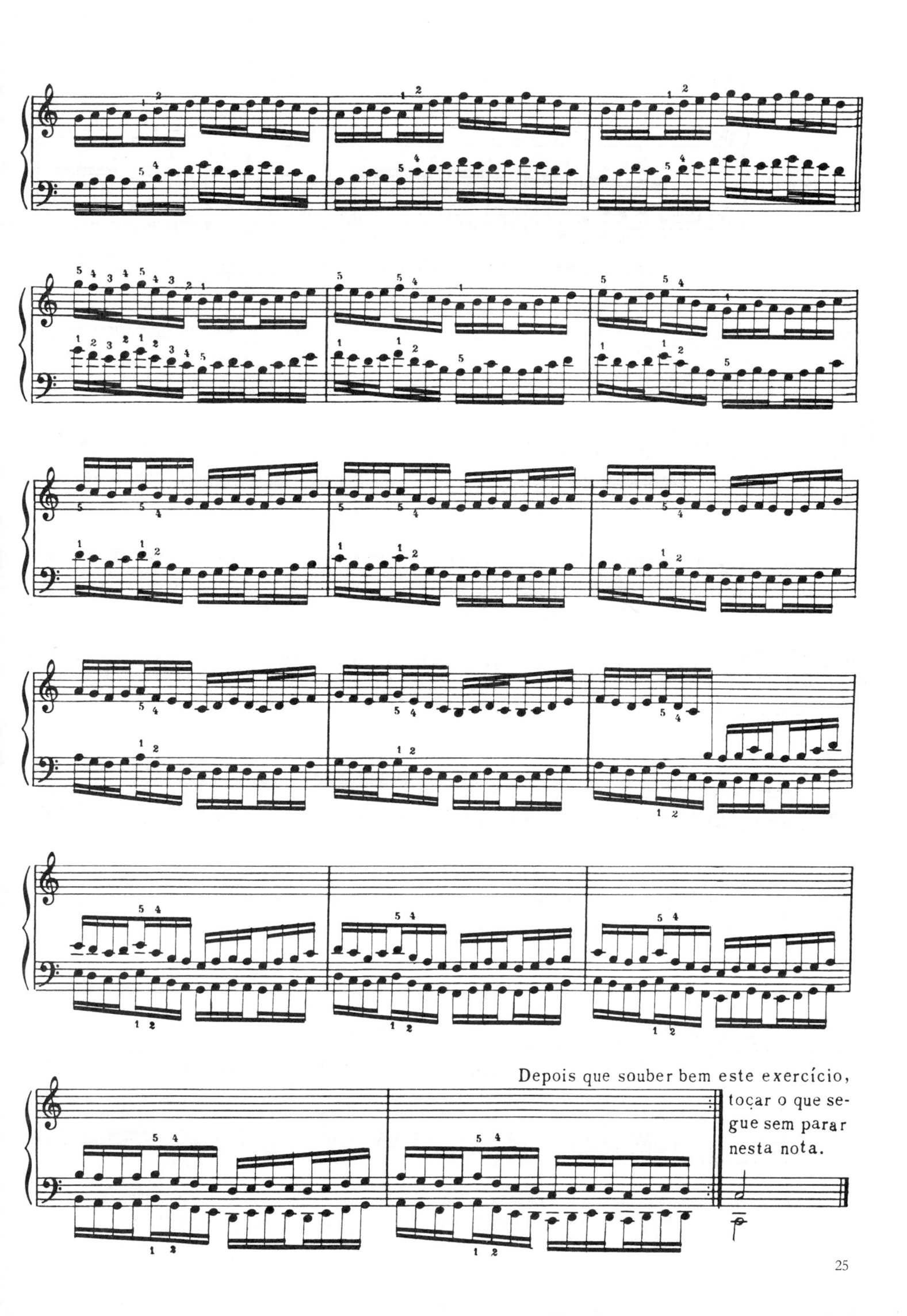

Depois que souber bem este exercício, tocar o que segue sem parar nesta nota.

Com a mesma finalidade do exercício anterior, para o 3.º, 4.º e 5.º dedos.

22.

Deve-se executar os exercícios da Segunda Parte do mesmo modo que foi indicado para a Primeira Parte, de maneira que quando ao tocar, descansar somente sobre as últimas notas dos exercícios n.ºs 22-24-26-28-30-33-35 e 38.

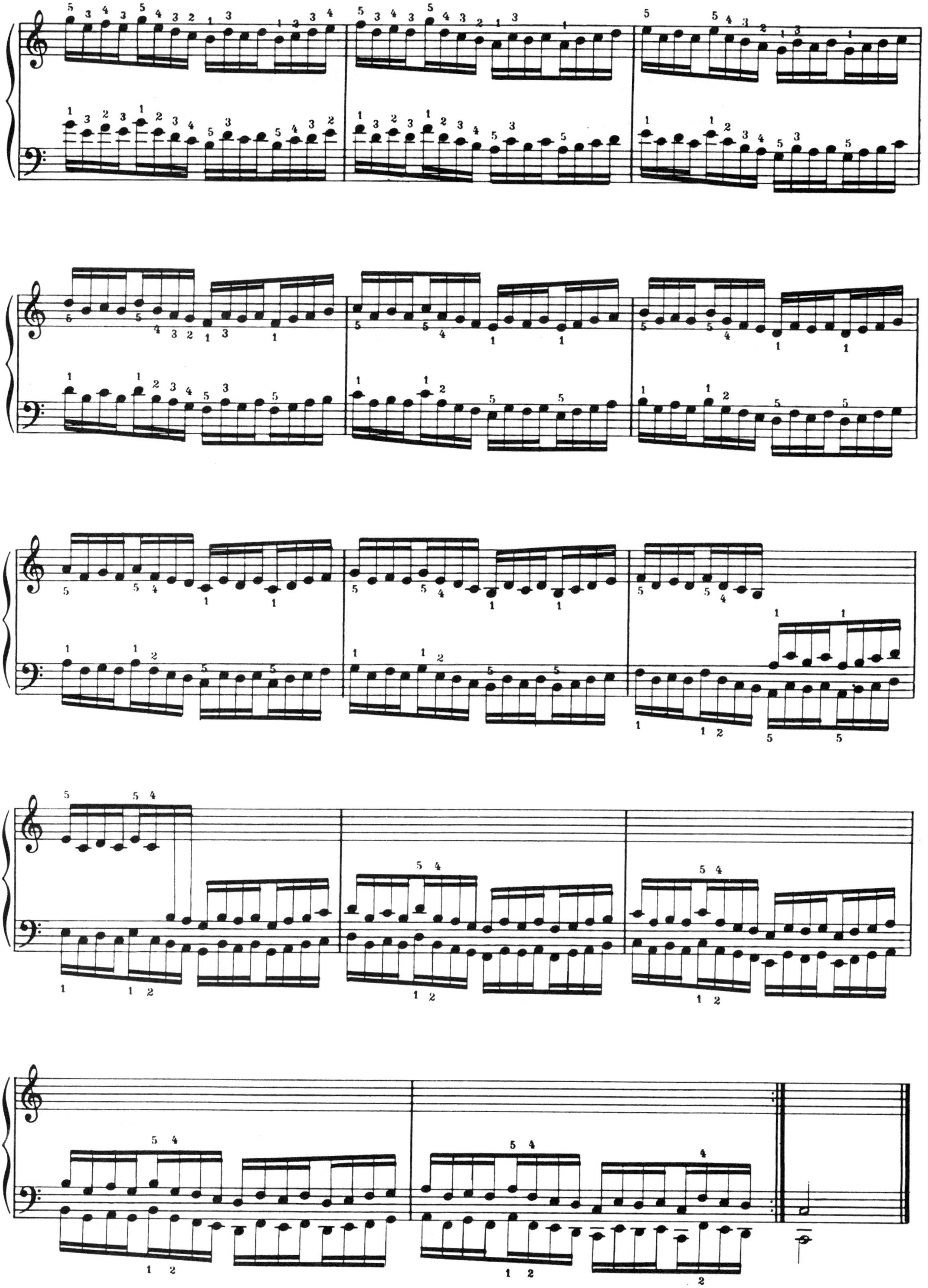

Exercício para fortificar o 3º, 4º e 5º dedos.

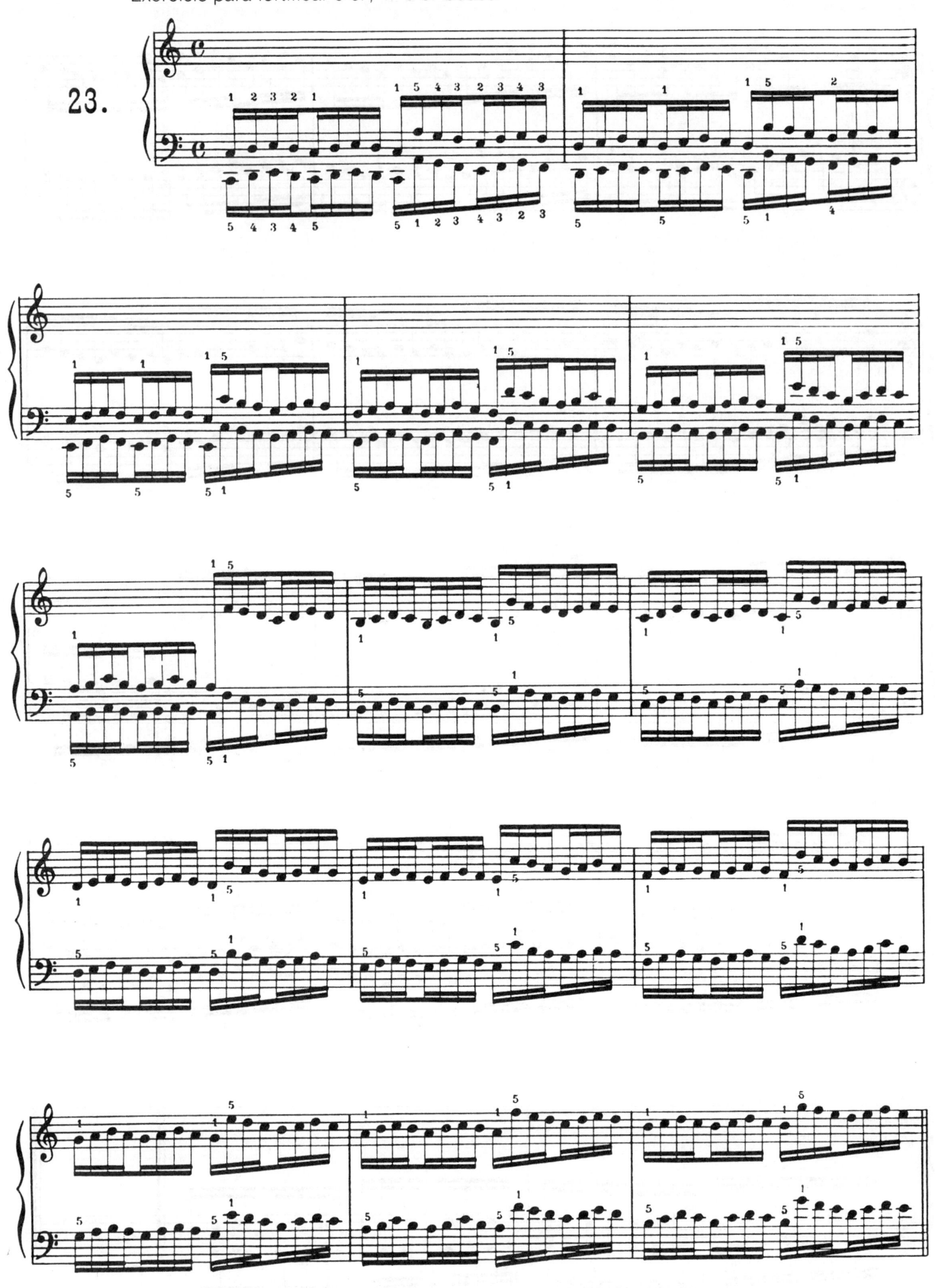

23.

29

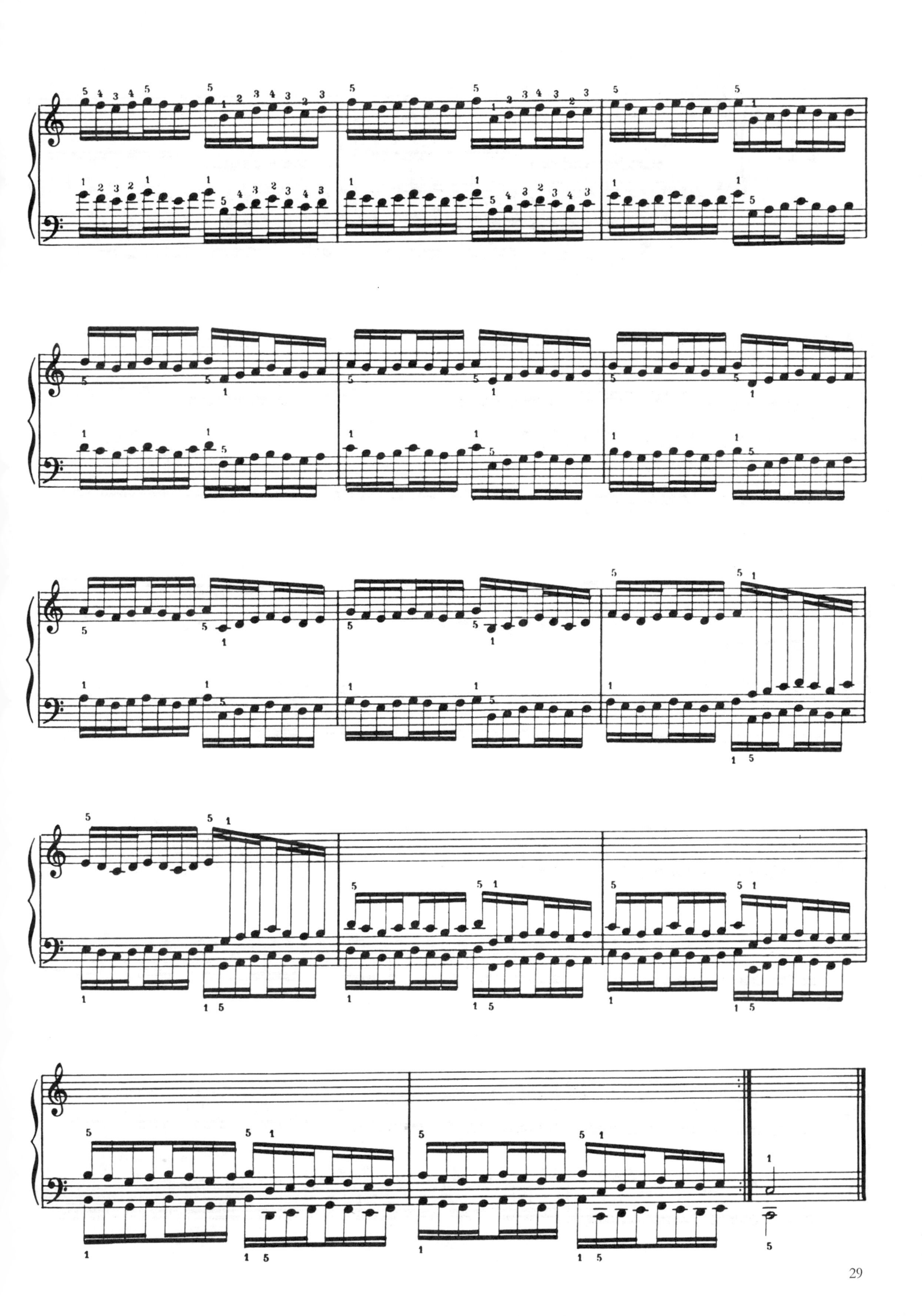

Variante do exercício anterior, para o 3.º, 4.º e 5.º dedos.

24.

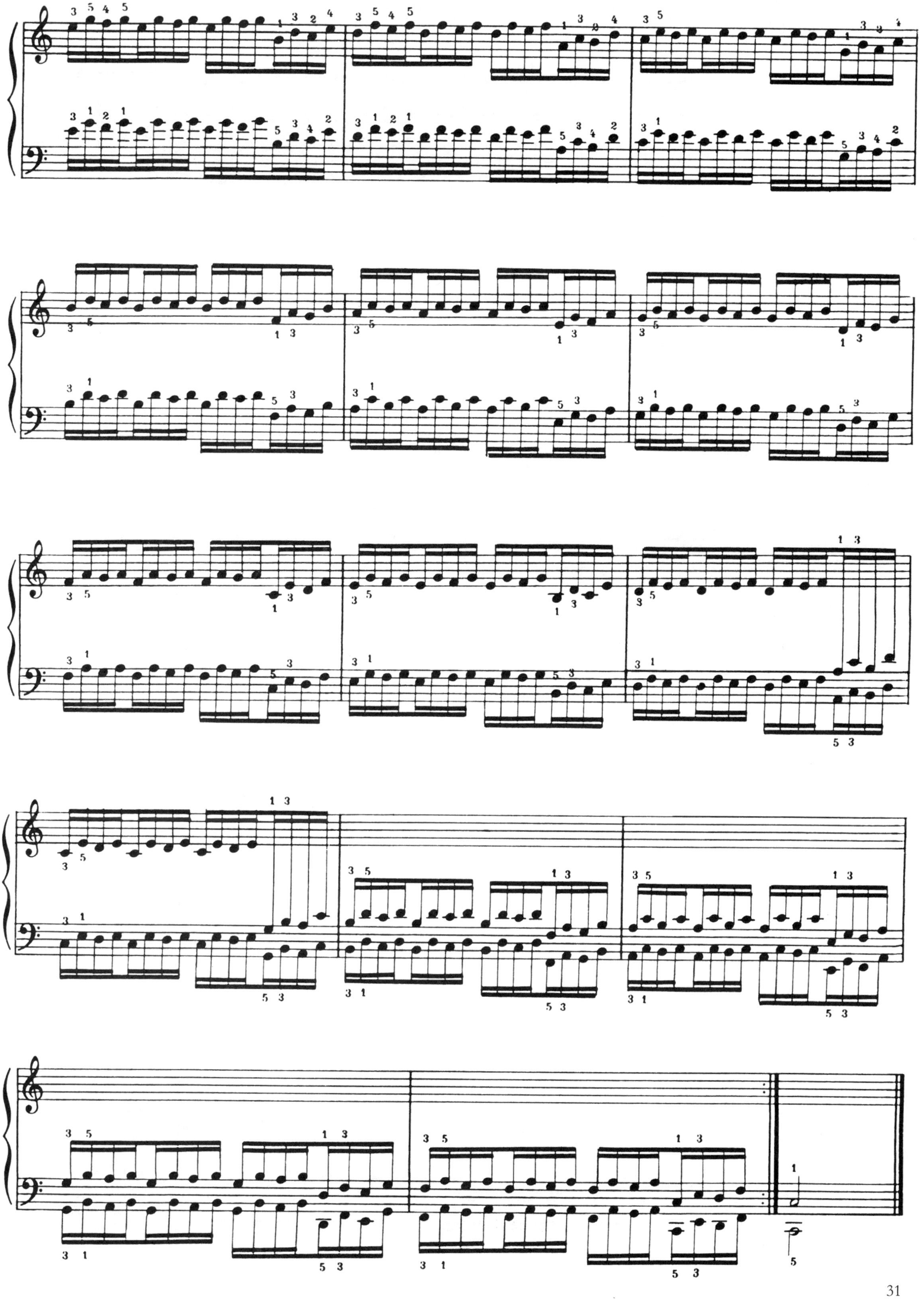

Exercício para os cinco dedos.

25.

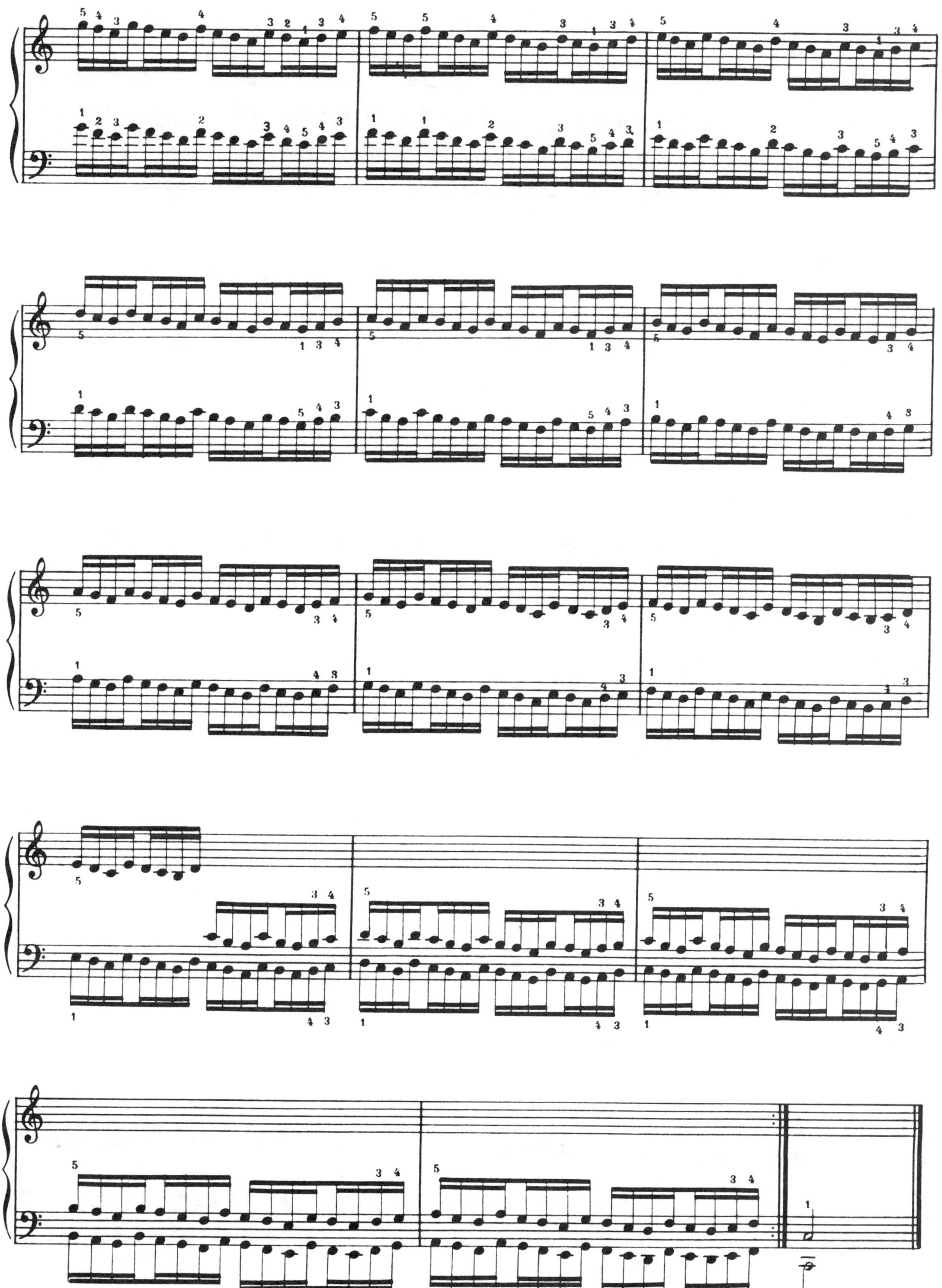

Exercício para 1º, 2º, 3º, 4º e 5º dedos.

26.

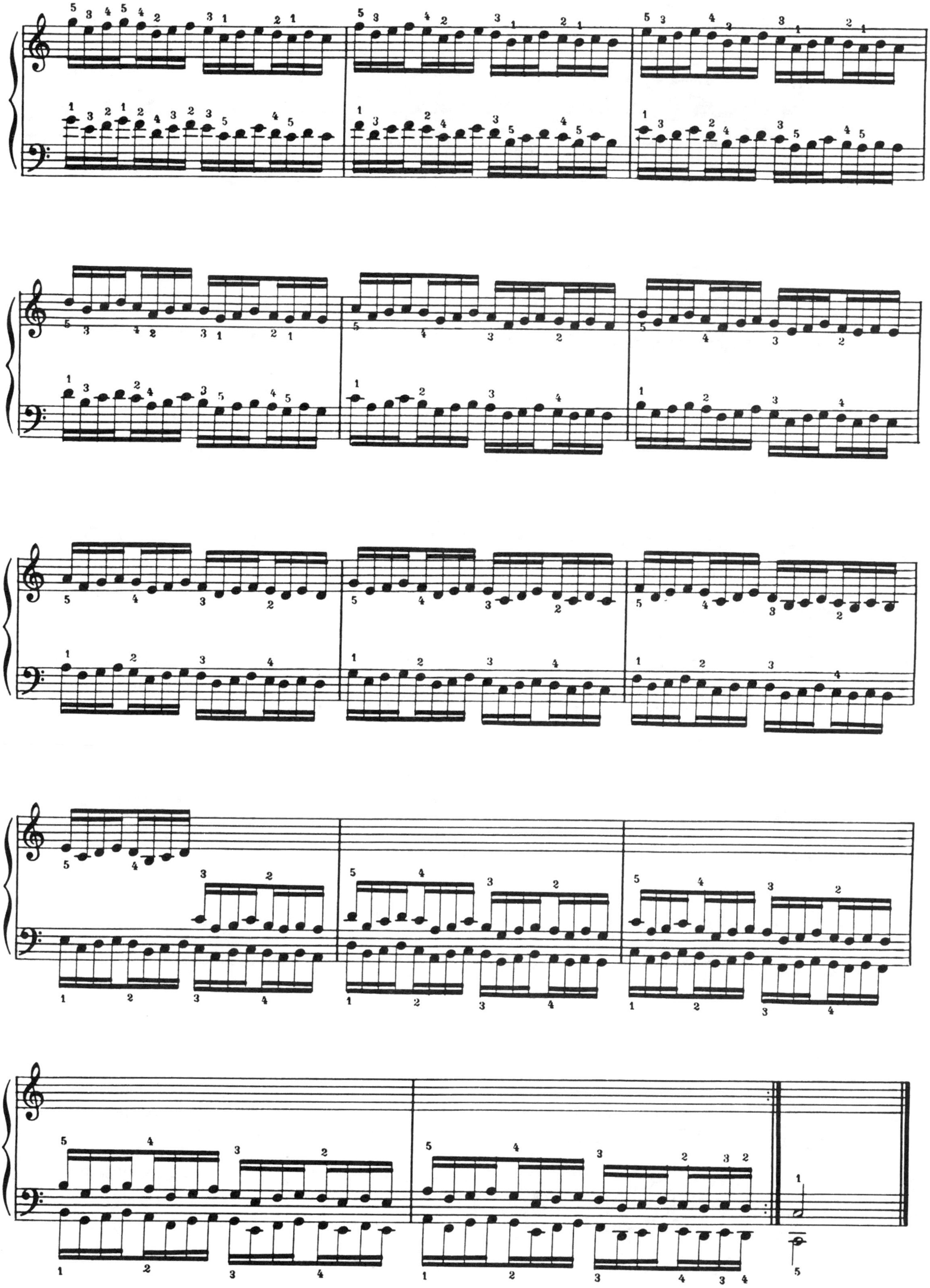

Preparação do Trinado para o 4º e 5º; exercício para todos os dedos.

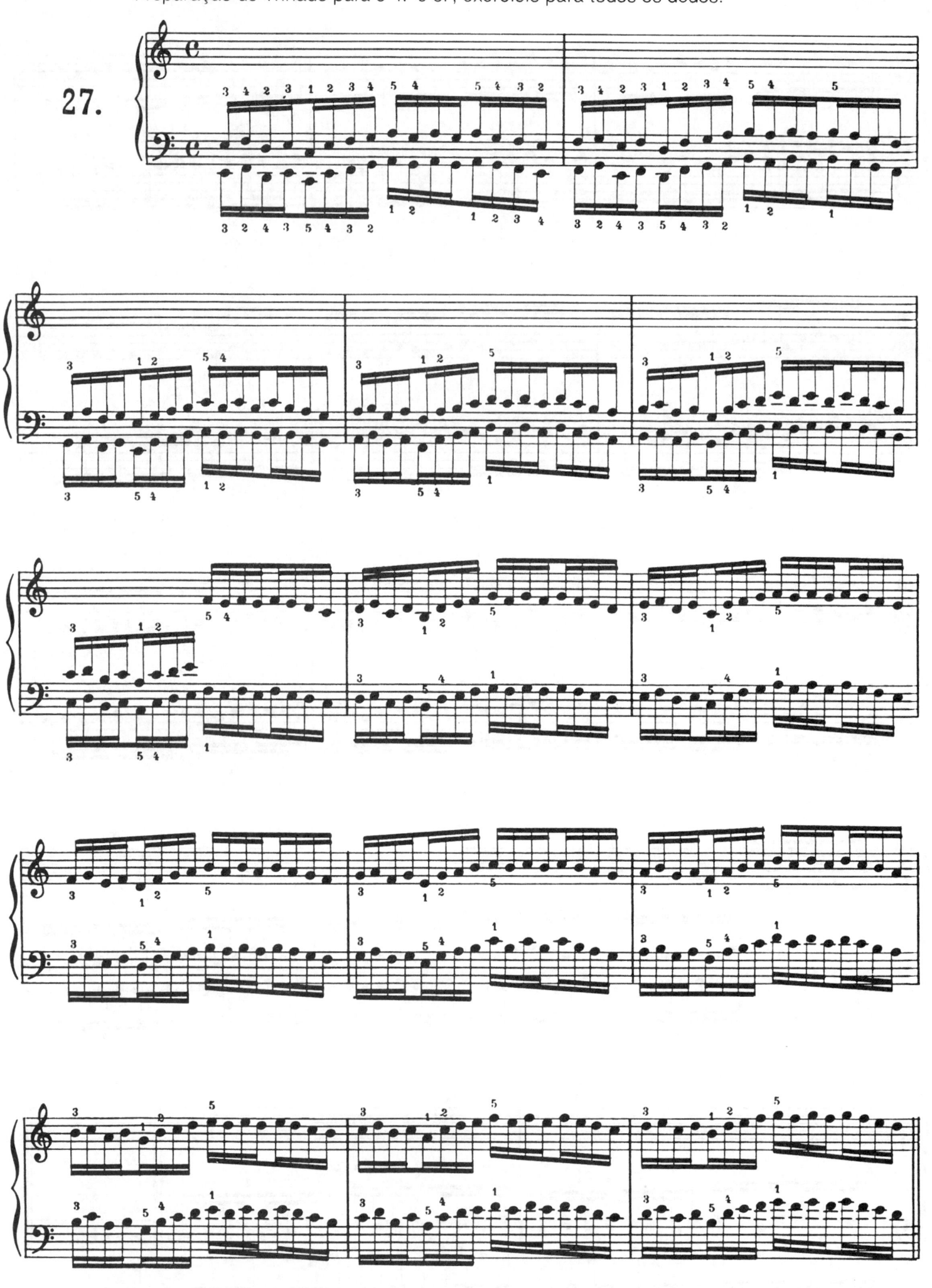

27.

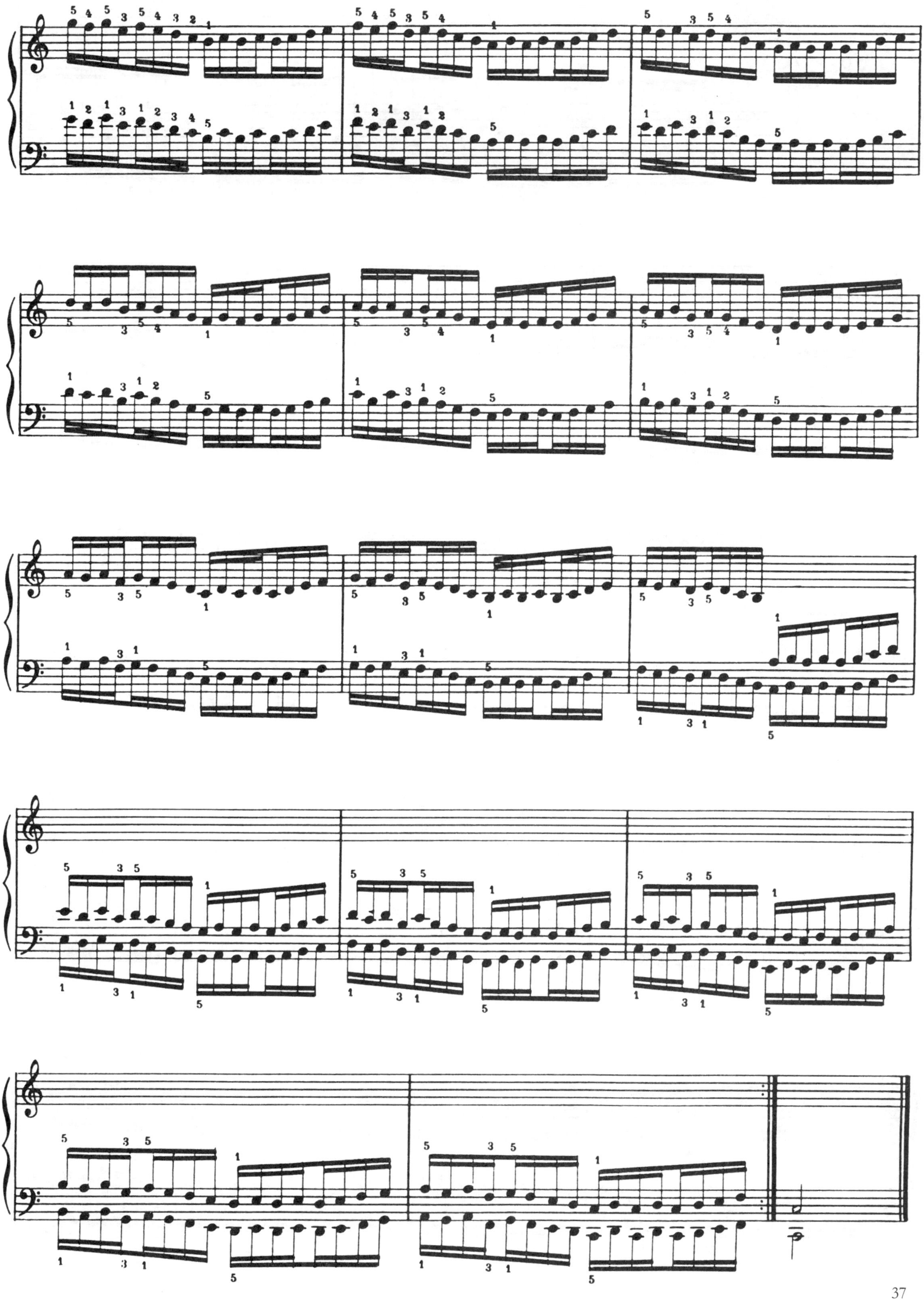

Ótimo exercício para o 3.º, 4.º e 5.º dedos.

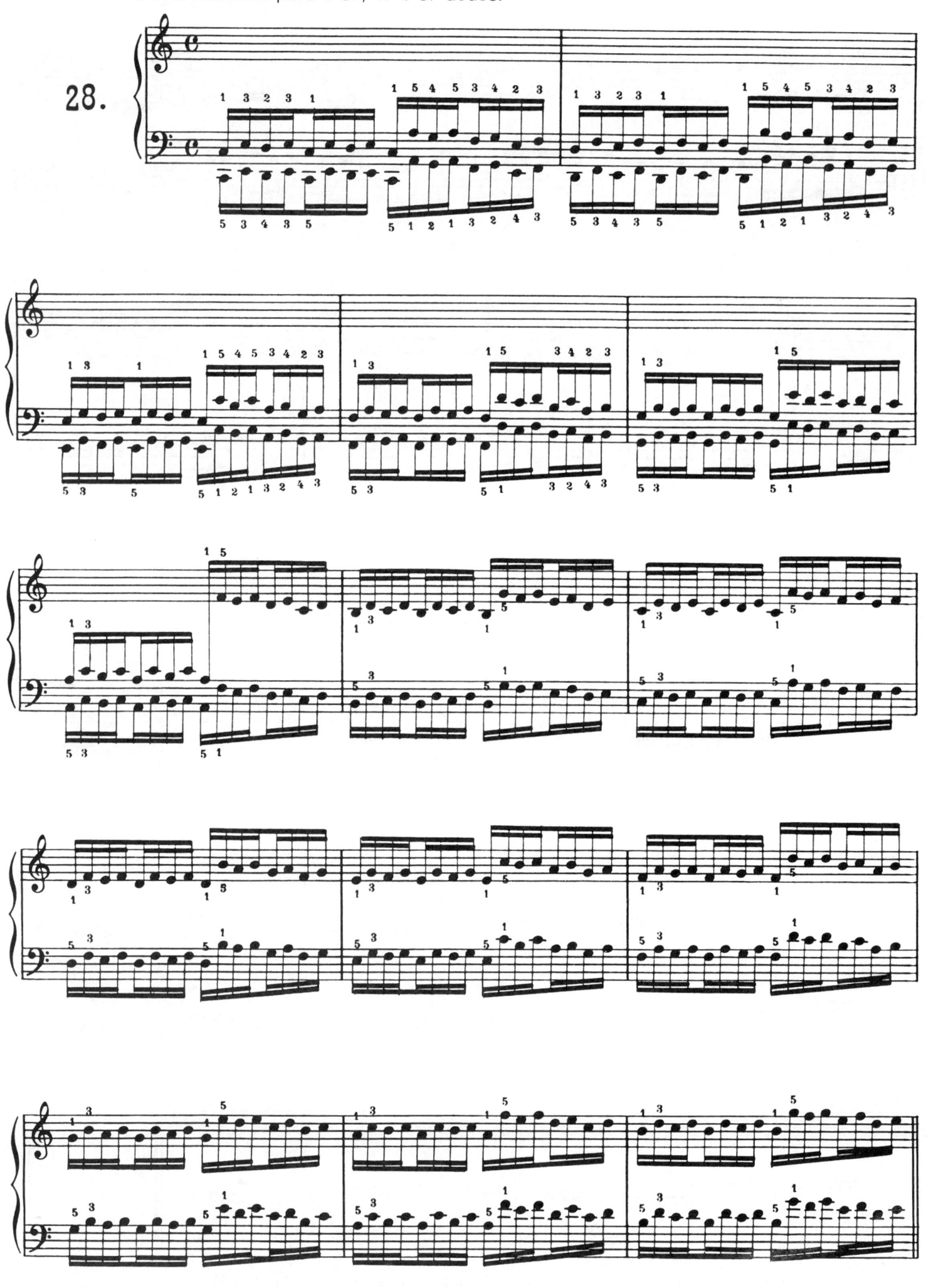

28.

39

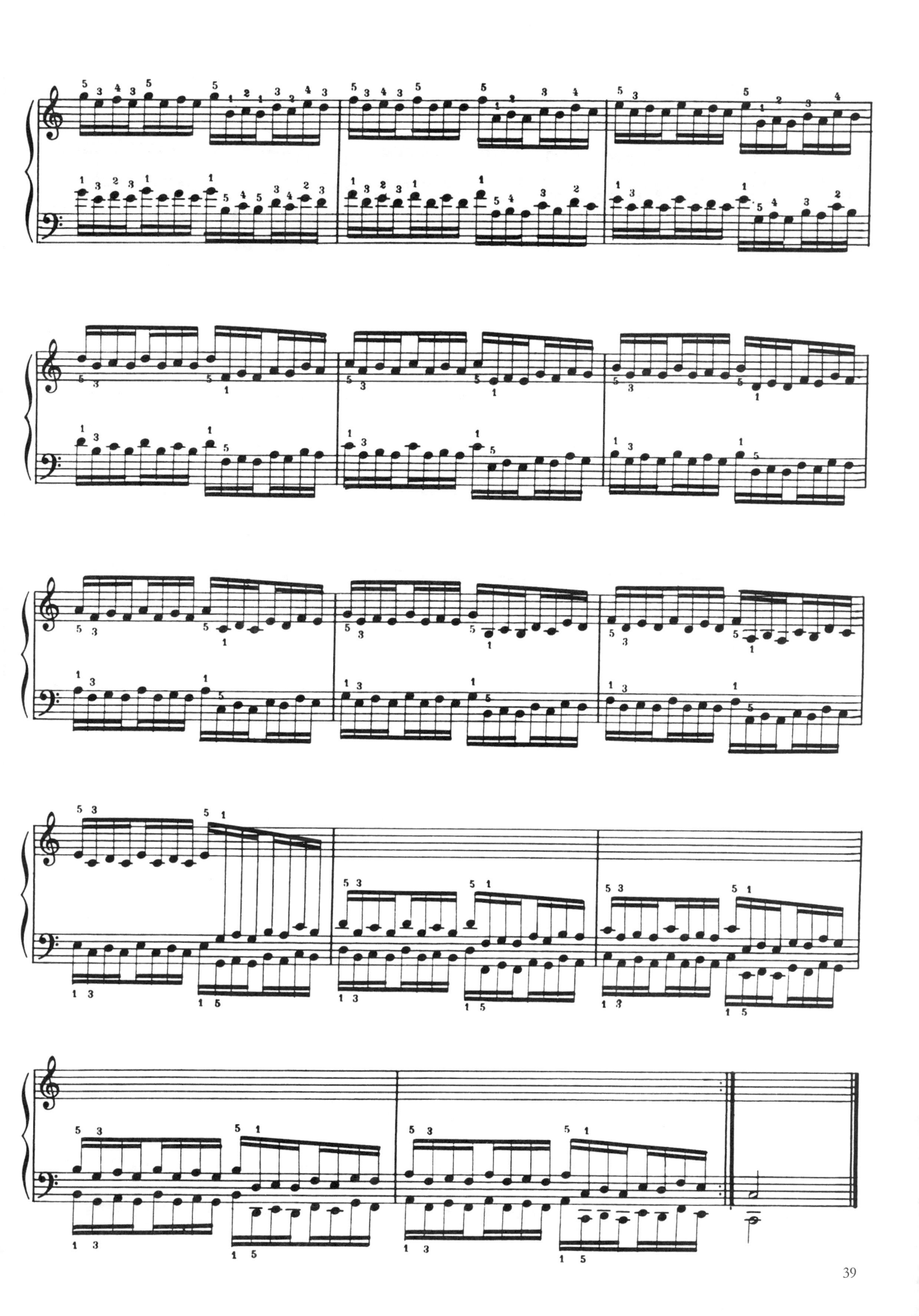

Preparação do Trinado para os cinco dedos.

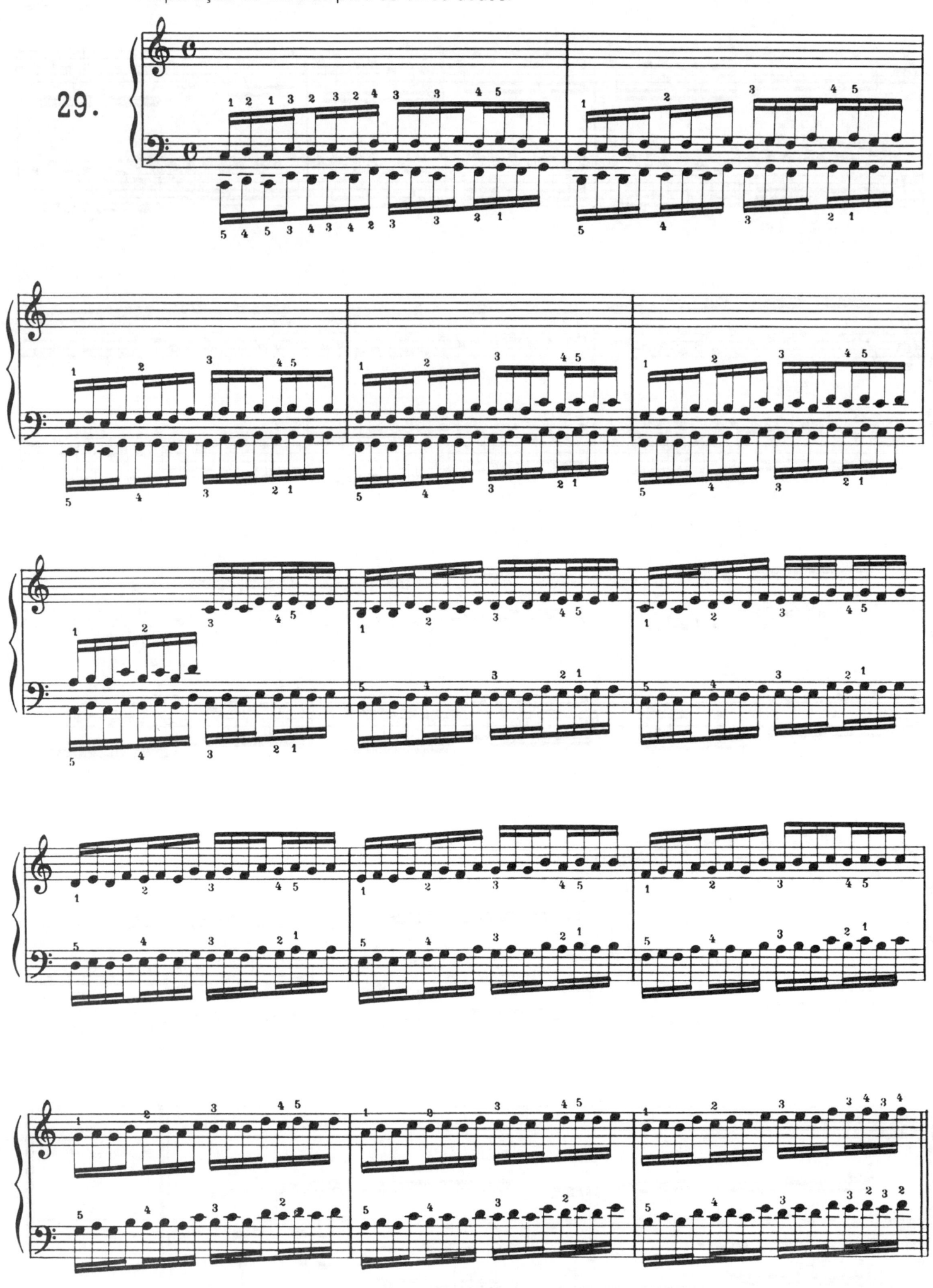

29.

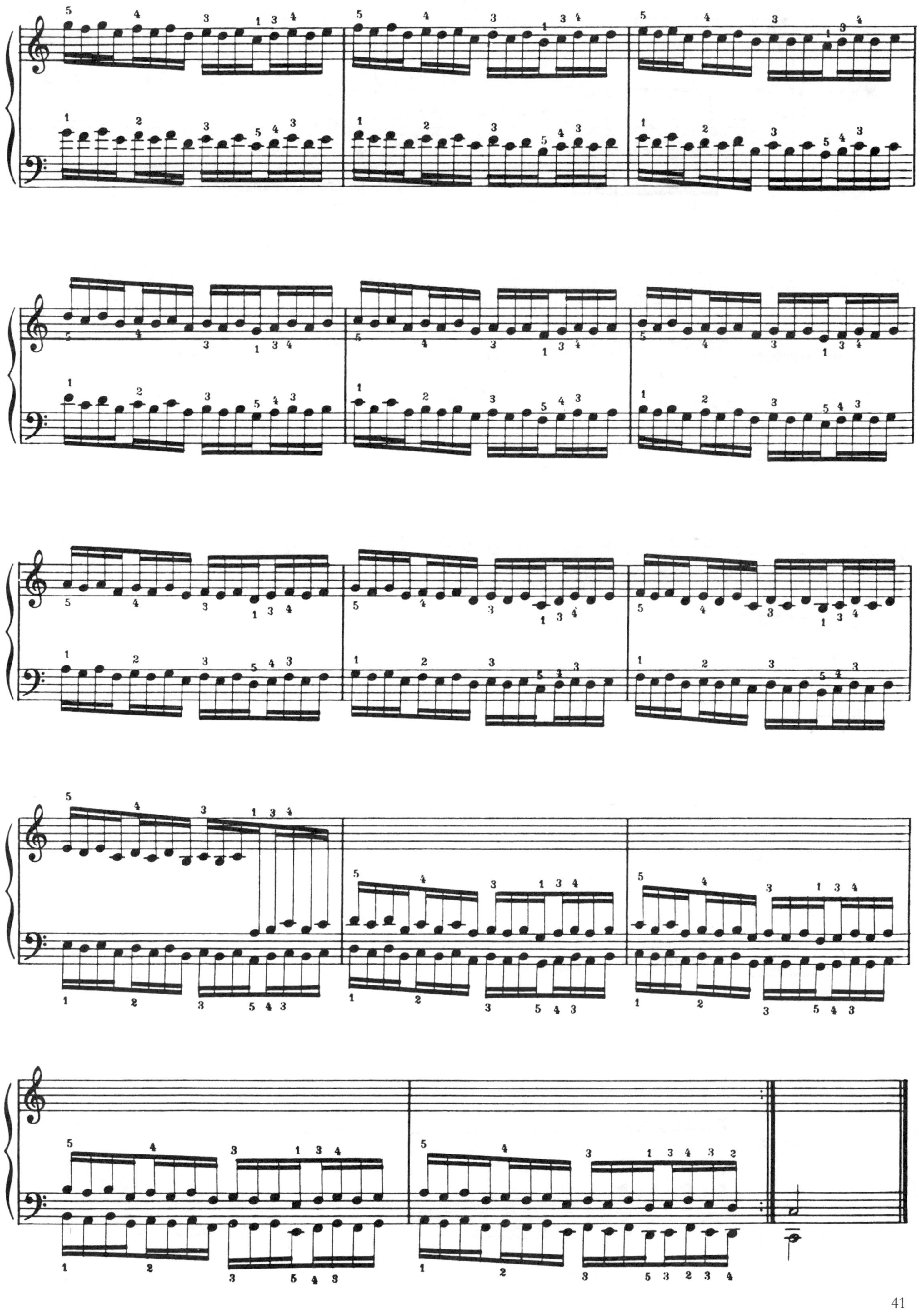

Trinado alternado para os dedos 1º-2º e 4º-5º.

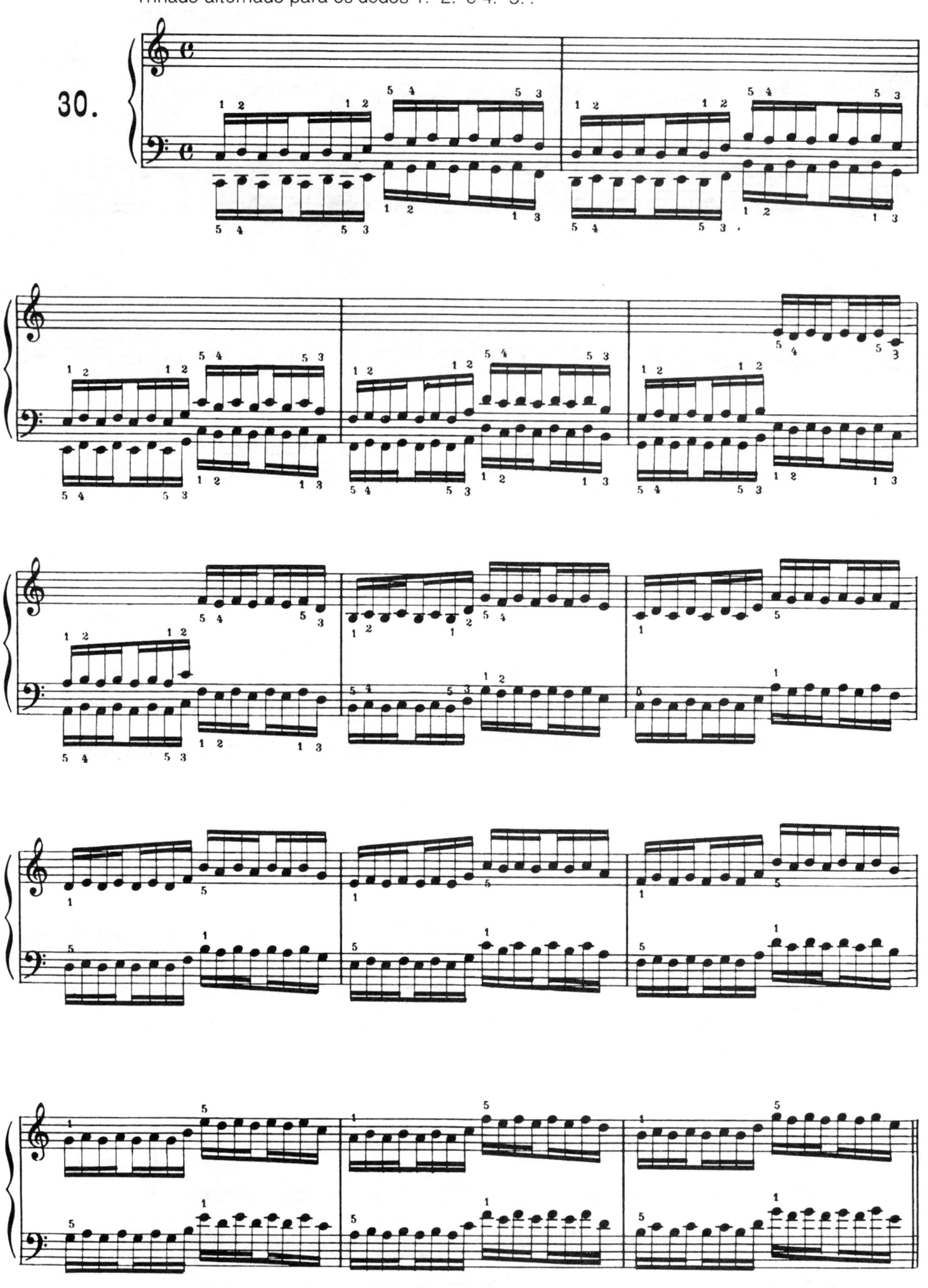

30.

43

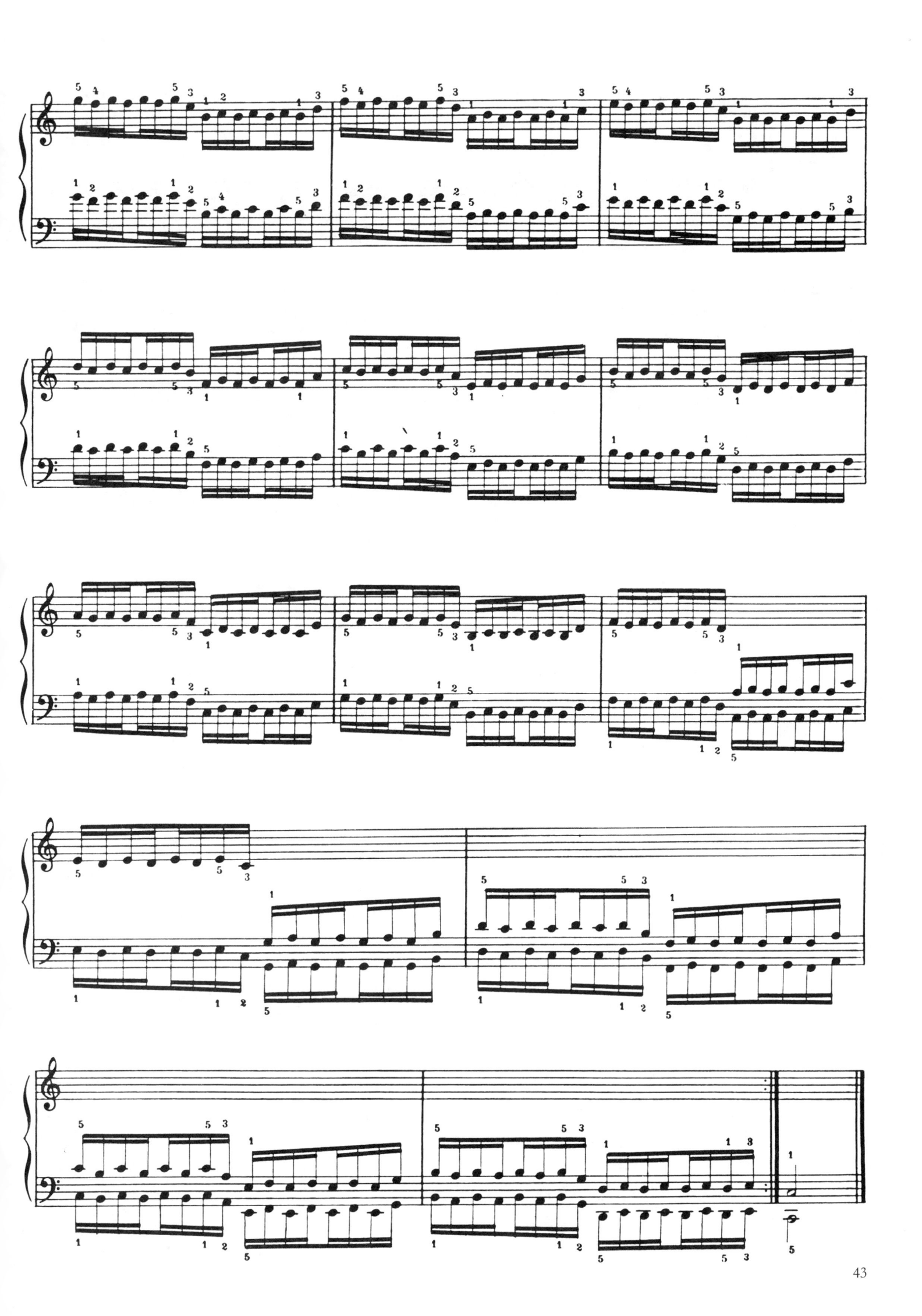

Extensão de oitava para o 1º e 5º; exercício para todos os dedos.

31.

PASSAGEM DO POLEGAR

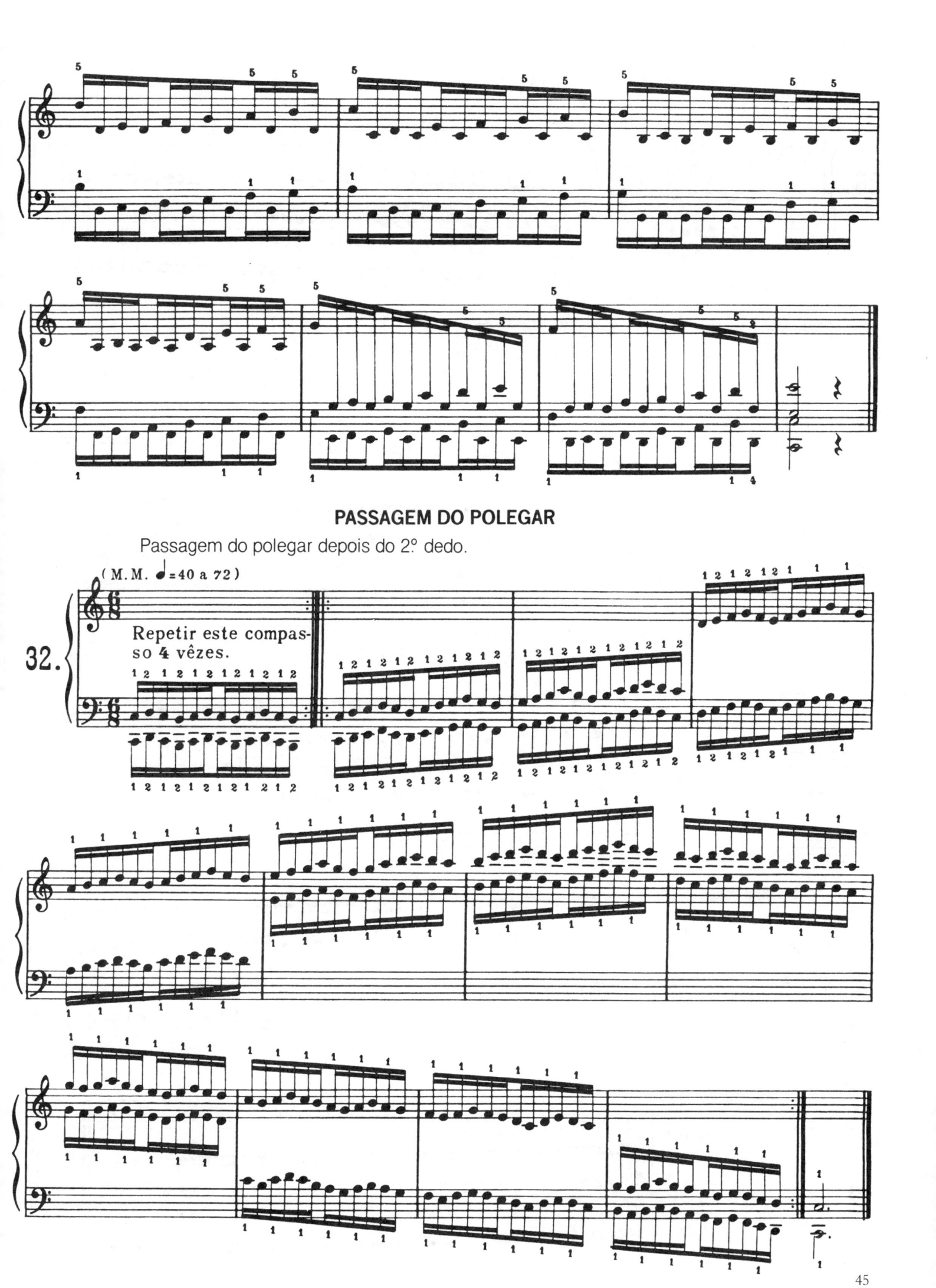

Passagem do polegar depois do 2º dedo.

(M.M. ♩=40 a 72)

32. Repetir este compasso 4 vêzes.

Passagem do polegar depois do 3º dedo.

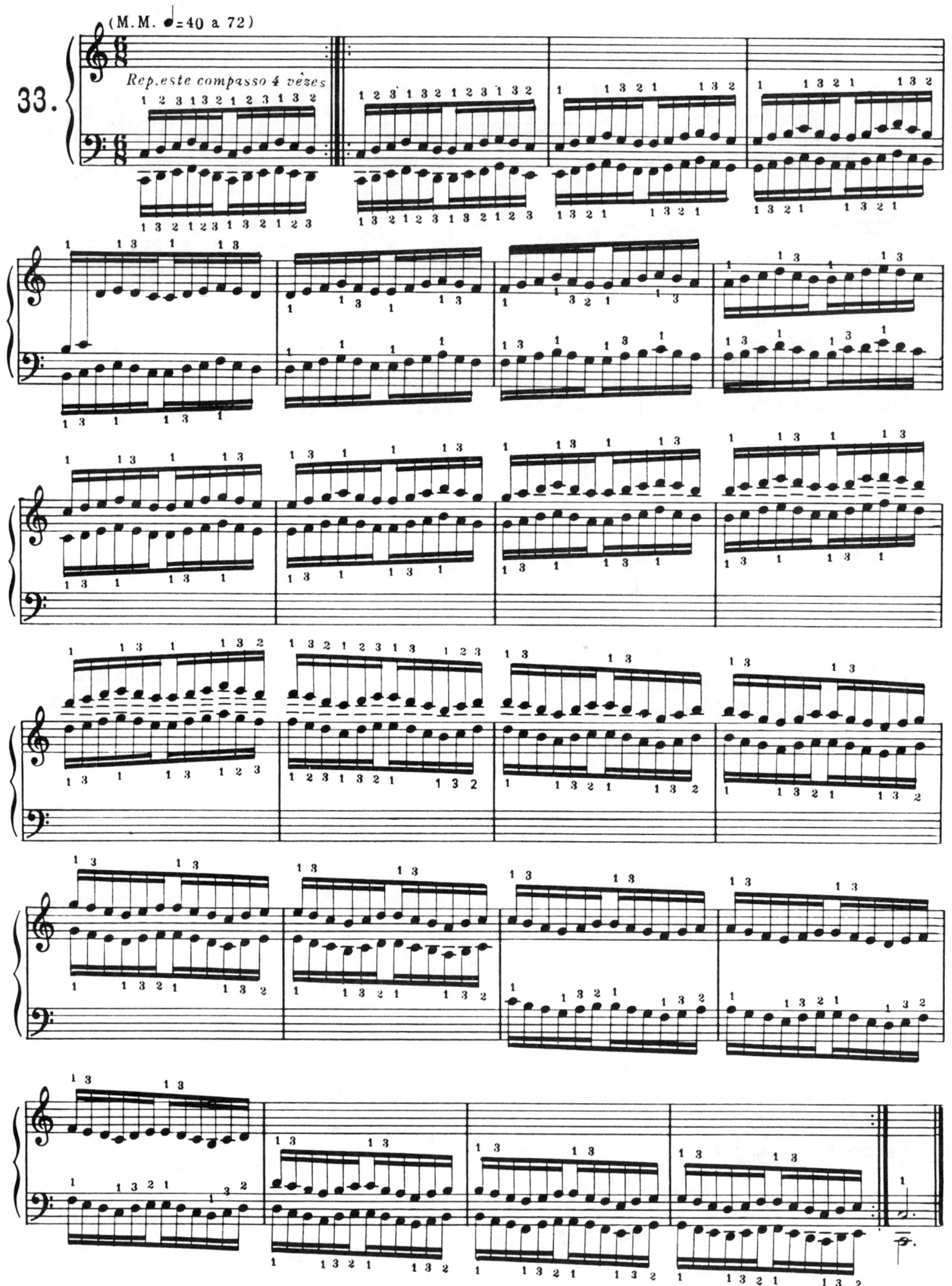

Passagem do polegar depois do 4º dedo.

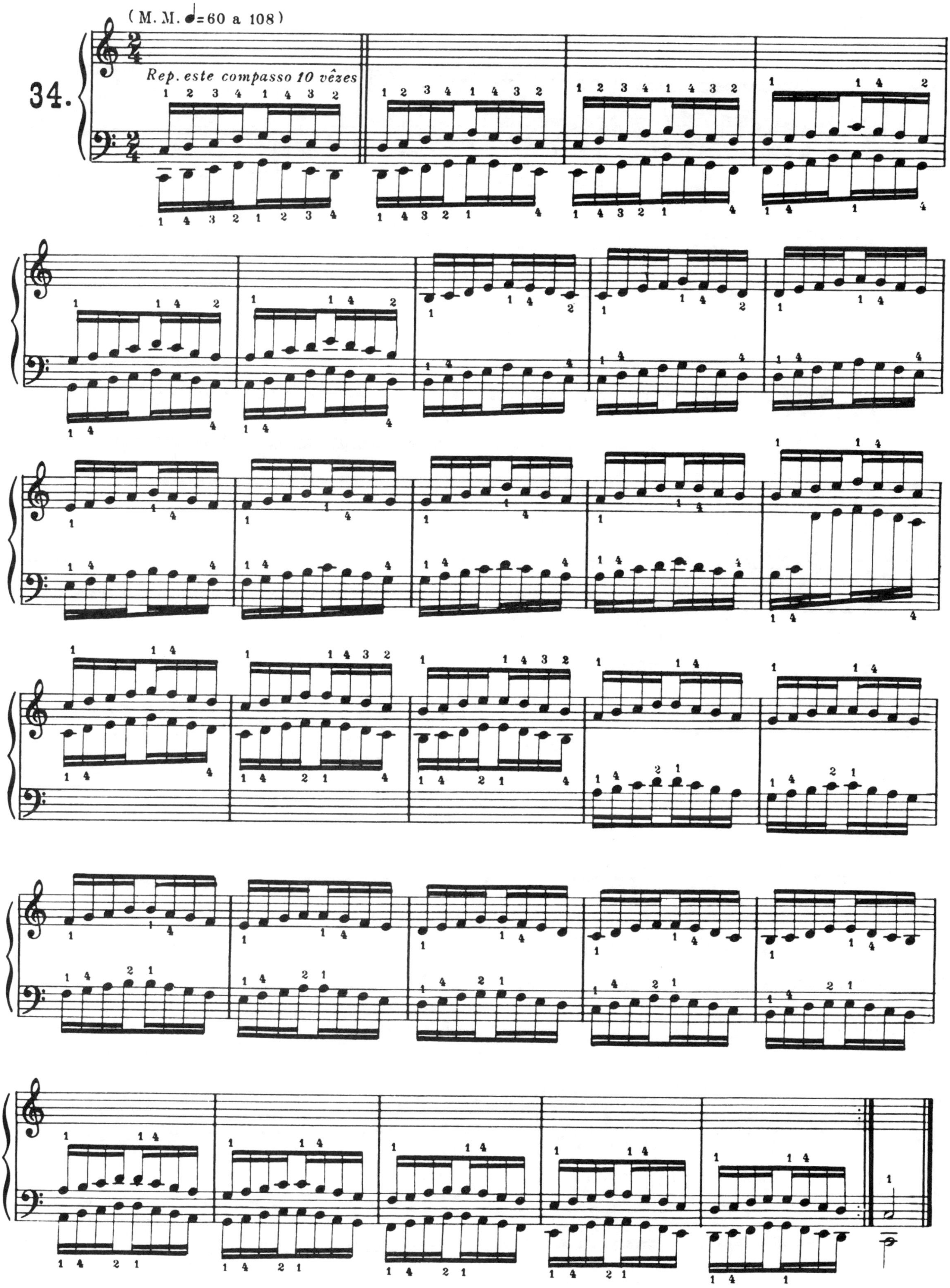

Passagem do polegar depois do 5º dedo. Este exercício é muito importante.

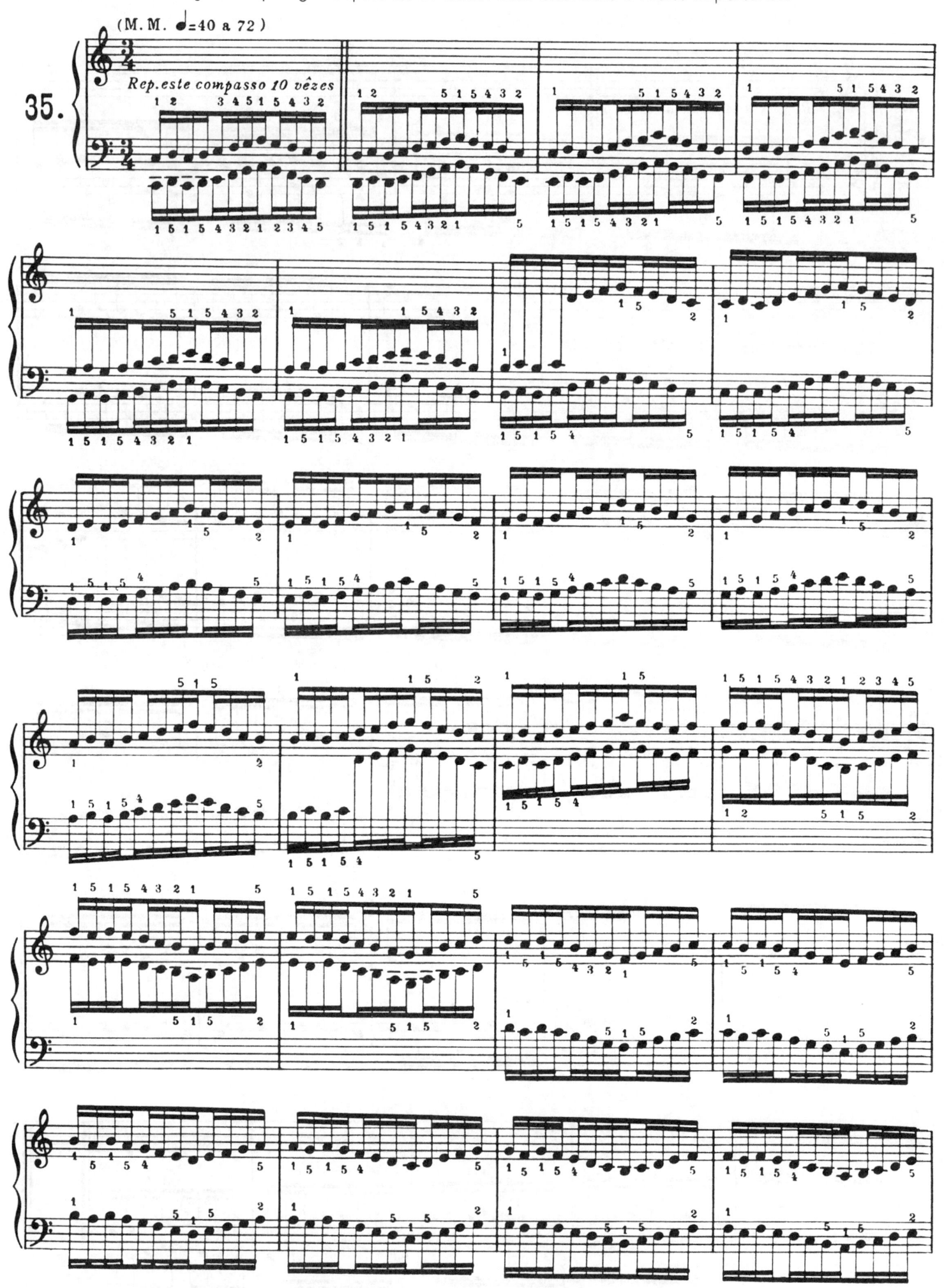

Outro exemplo para a passagem do polegar.

Exercício especial para a passagem do polegar

(1) Este exercício deverá ser executado somente com os dois polegares prendendo as três notas do acorde durante os 12 compassos.

Exercício preparatório para o estudo das escalas.

38.

51

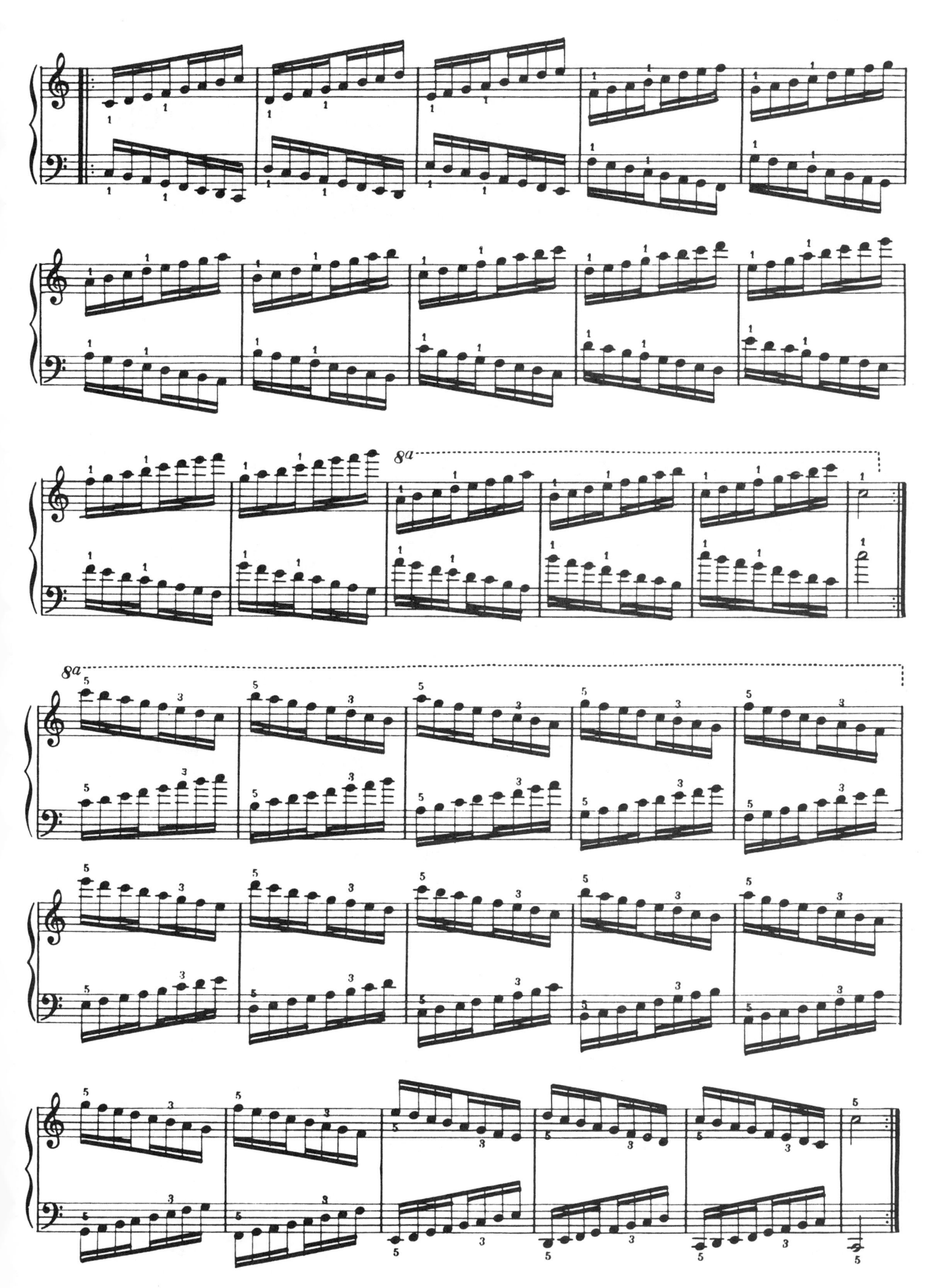

As 12 Escalas Maiores e as 12 Escalas Menores

Cada escala do modo maior, é seguida por sua relativa do modo menor.

São duas as maneiras de executar a Escala Menor: achamos conveniente indicar por extenso estas duas maneiras, deixando ao professor a liberdade de ensinar a que preferir.

Marcamos com o n.º 1 a Escala Menor Moderna, chamada também Escala Menor Harmônica, e com o n.º 2 a Antiga, chamada também Escala Menor Melódica.

A Escala Menor Harmônica tem, tanto subindo como descendo, a 6.ª menor e a 7.ª Maior, enquanto que a Escala Menor Melódica tem a 6.ª Maior e a 7.ª Maior subindo e a 6.ª menor e a 7.ª menor descendo.

1. RÉ menor Hármônica
(relativa de FÁ Maior)

2. RÉ menor Melódica

Si♭ Maior

1. SOL menor Harmônica

2. SOL menor Melódica

MI♭ Maior

1. DÓ menor Harmônica

2. DÓ menor Melódica

LÁ♭ Maior

1. FÁ menor Harmônica

2. FÁ menor Melódica

RÉ♭ Maior
Enarmonicamente igual a
Escala de DÓ♯ Maior

1. SI♭ menor Harmônica
Enarmonicamente igual a
Escala de LÁ♯ menor

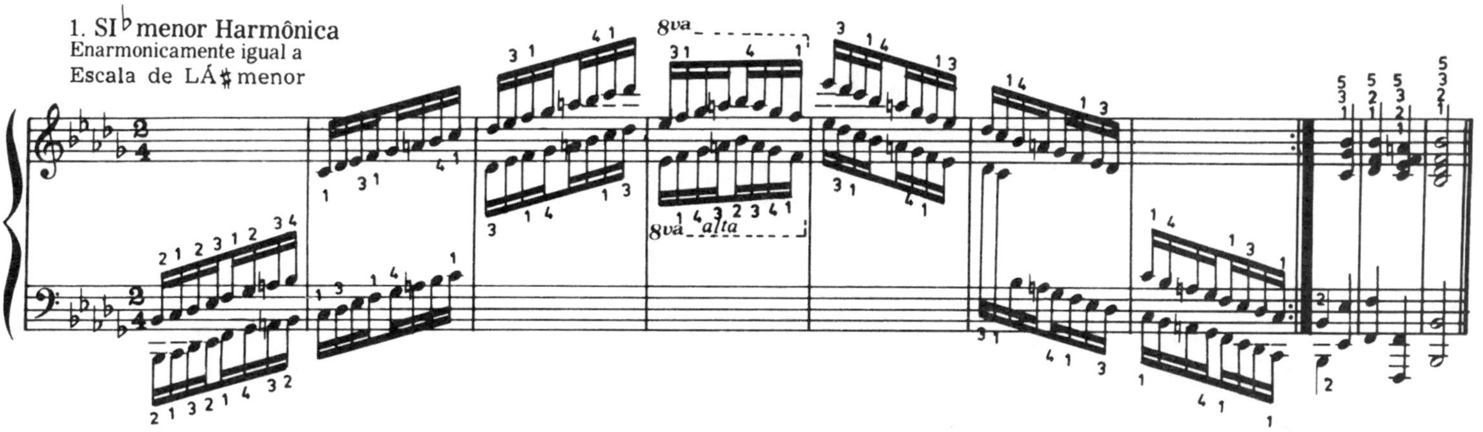

2.SI♭ menor Melódica
(igual a LA♯ Menor)

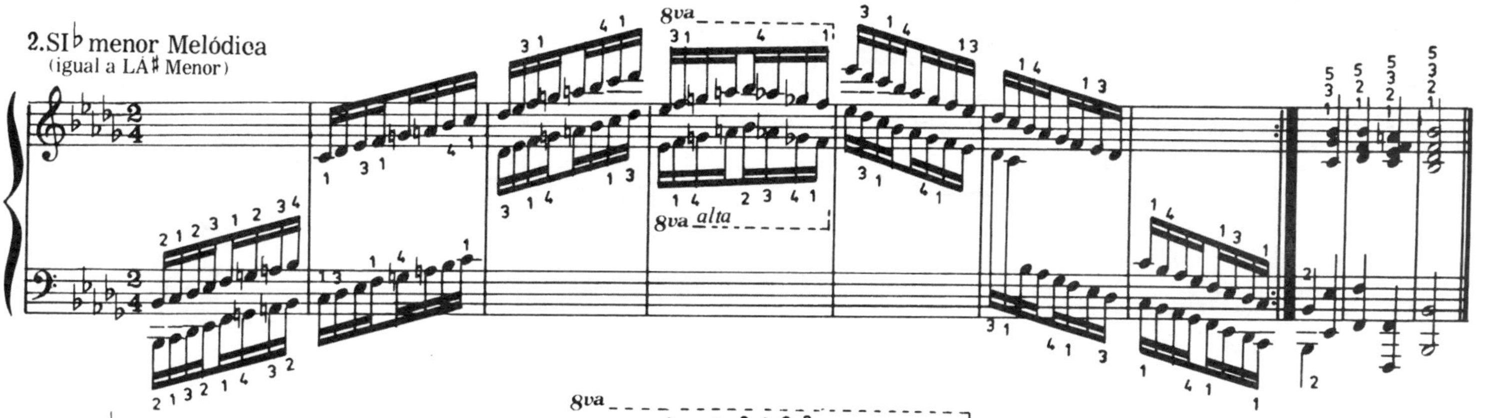

SOL♭ Maior
Enarmonicamente igual a
Escala de FA♯ Maior

1. MI♭ menor Harmônica
Enarmonicamente igual a
Escala de RÉ♯ menor

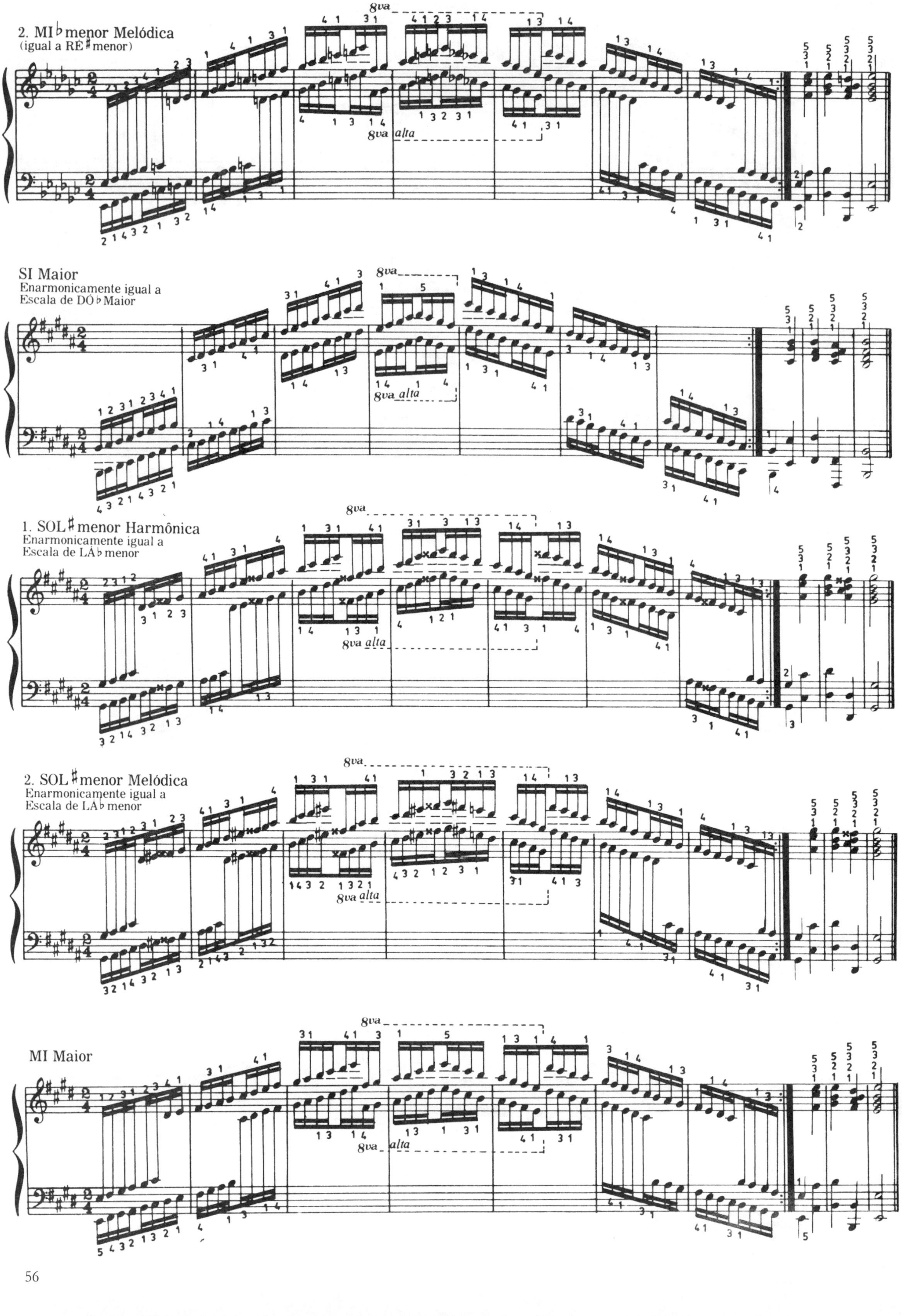
2. MI♭ menor Melódica
(igual a RÉ♯ menor)
8va
8va alta
SI Maior
Enarmonicamente igual a
Escala de DÓ♭ Maior
8va
8va alta
1. SOL♯ menor Harmônica
Enarmonicamente igual a
Escala de LÁ♭ menor
8va
8va alta
2. SOL♯ menor Melódica
Enarmonicamente igual a
Escala de LÁ♭ menor
8va
8va alta
MI Maior
8va
8va alta

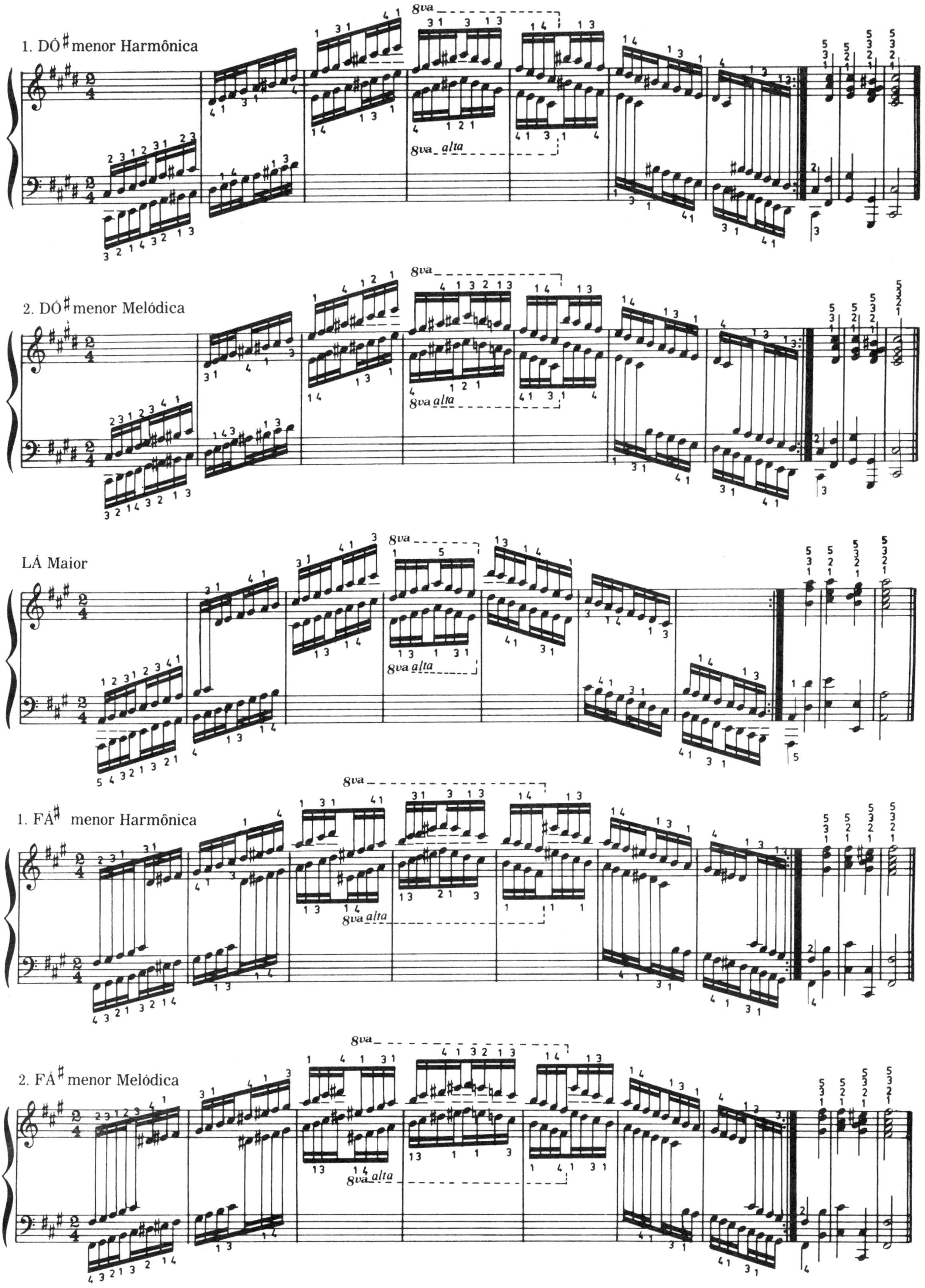
1. DÓ♯ menor Harmônica
2. DÓ♯ menor Melódica
LÁ Maior
1. FÁ♯ menor Harmônica
2. FÁ♯ menor Melódica
8va
8va alta

RÉ Maior
8va
8va alta
1. SI menor Harmônica
8va
8va alta
2. SI menor Melódica
8va
8va alta
SOL Maior
8va
8va alta
1. MI menor Harmônica
8va
8va alta
2. MI menor Melódica
8va
8va alta

ESCALAS CROMÁTICAS
EXTENSÃO DE QUATRO OITAVAS

(a) Esta Escala Cromática pertence à primeira forma pianística, usando sempre o 3º dedo em todas as teclas pretas.

Em sextas Maiores

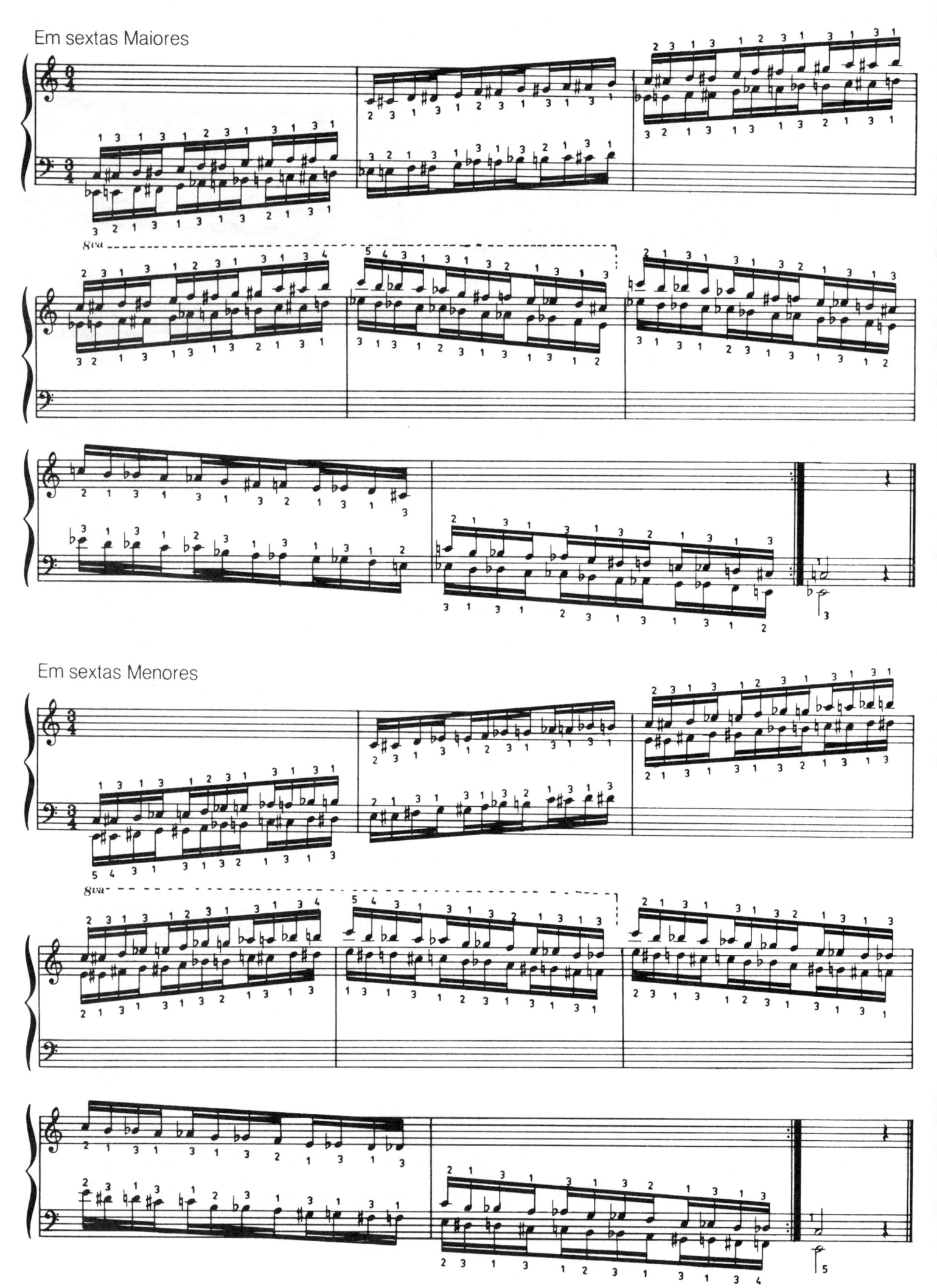

Em sextas Menores

Em movimento contrário começando pela oitava

Em movimento contrário começando pela 3ª menor.

Em movimento contrário começando pela terceira maior.

(a) *Dedilhado para obter passagens ligadas e rápidas (em oitavas)*

(a) *Esta Escala Cromática pertence à segunda forma pianística, usando o 4º dedo sobre as notas Lá sustenido e Si bemol (mão direita) e o 4º dedo da mão esquerda sobre as notas Fá sustenido e Sol bemol.*

Arpejos sobre acordes perfeitos maiores e menores nas 24 tonalidades
12 maiores e 12 menores

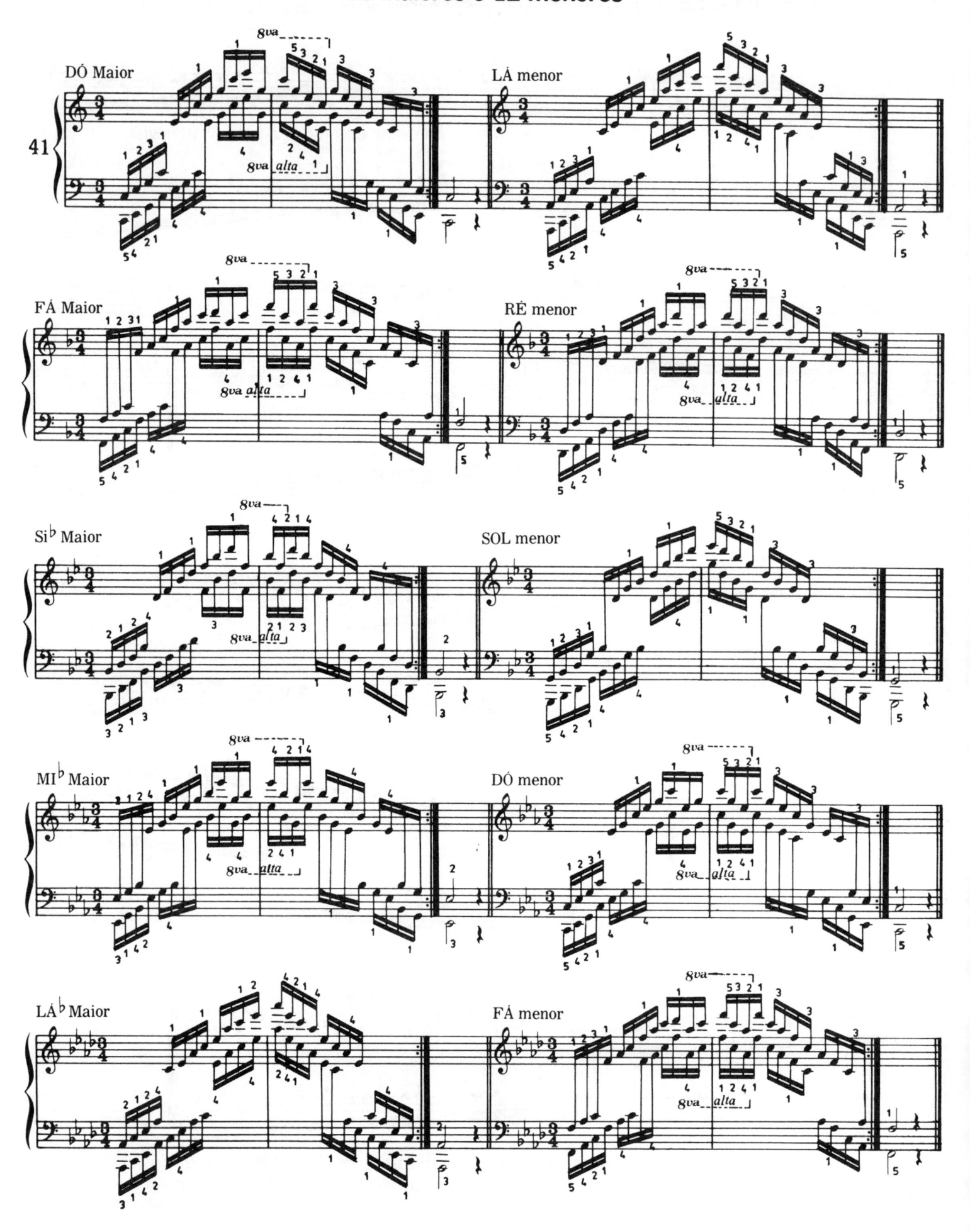

RÉ♭ Maior
SI♭ menor
SOL♭ Maior
MI♭ menor
SI Maior
SOL♯ menor
MI Maior
DÓ♯ menor
LÁ Maior
FÁ♯ menor
RÉ Maior
SI menor
8va
8va alta

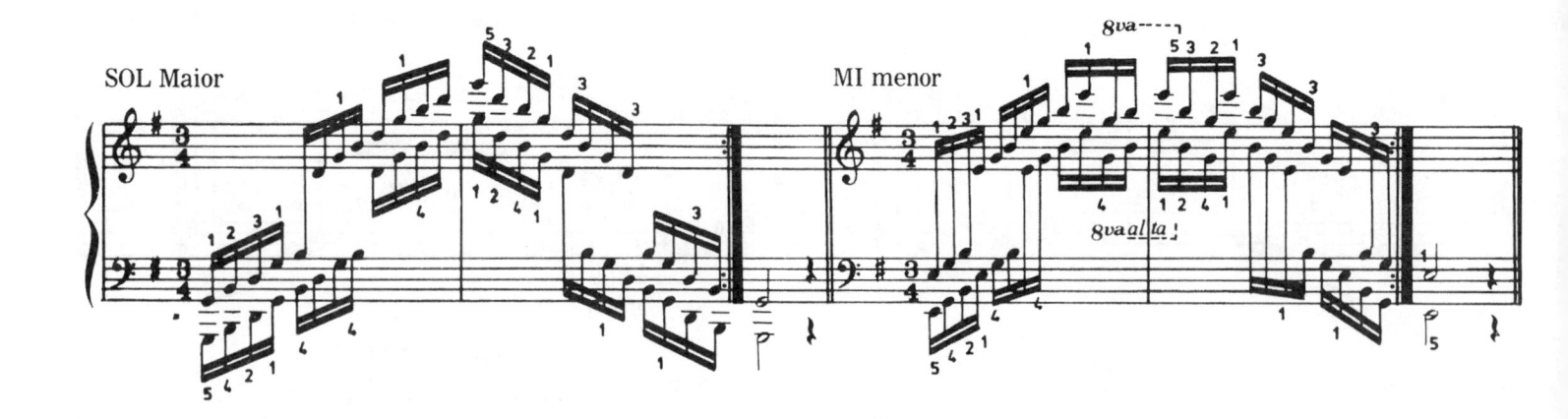

ARPEJOS SOBRE O ACORDE DE SÉTIMA DIMINUTA

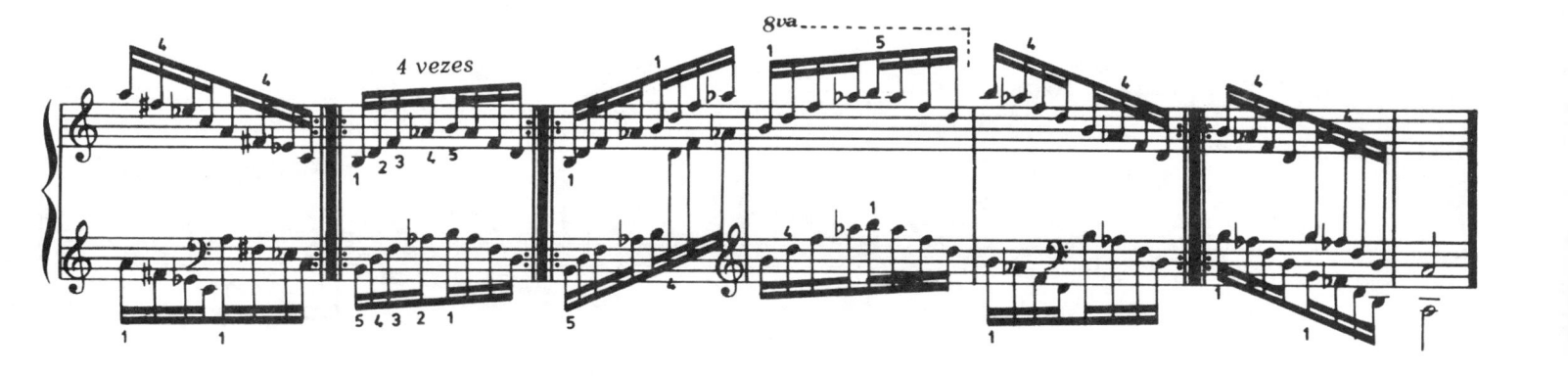

ARPEJOS SOBRE O ACORDE DE SÉTIMA DA DOMINANTE.

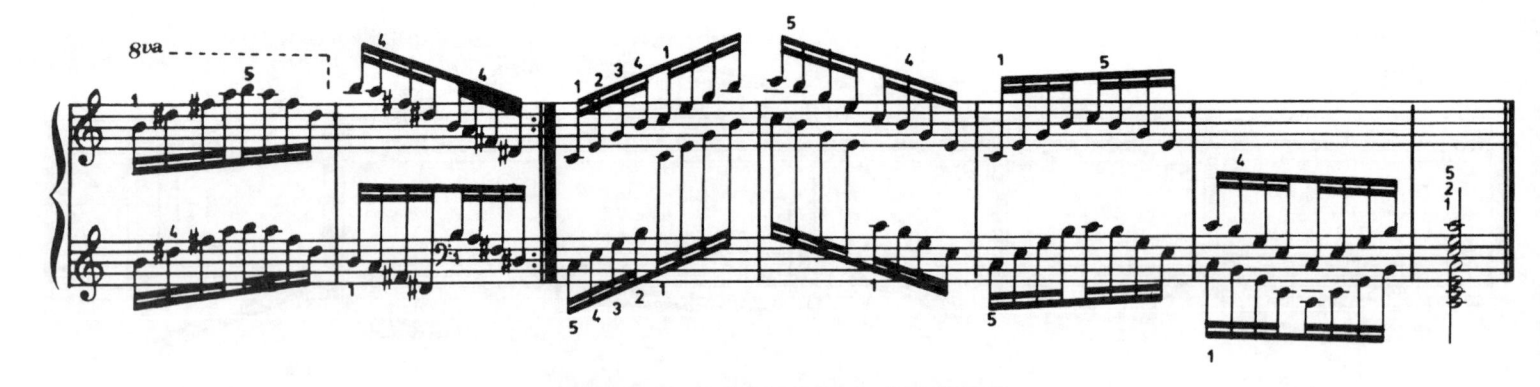

FIM DA SEGUNDA PARTE

Depois que a PRIMEIRA E A SEGUNDA PARTE estiverem bem estudadas, é que se deve começar a TERCEIRA PARTE, afim de vencer suas dificuldades.

TERCEIRA PARTE

**Exercício de virtuosidade para conseguir a execução das maiores dificuldades do mecanismo.
Notas repetidas de três em três.**

Articular bem as notas sem levantar as mãos e os pulsos. Não se deve estudar todo este exercício sem que esteja tocando com perfeição os 4 primeiros compassos.

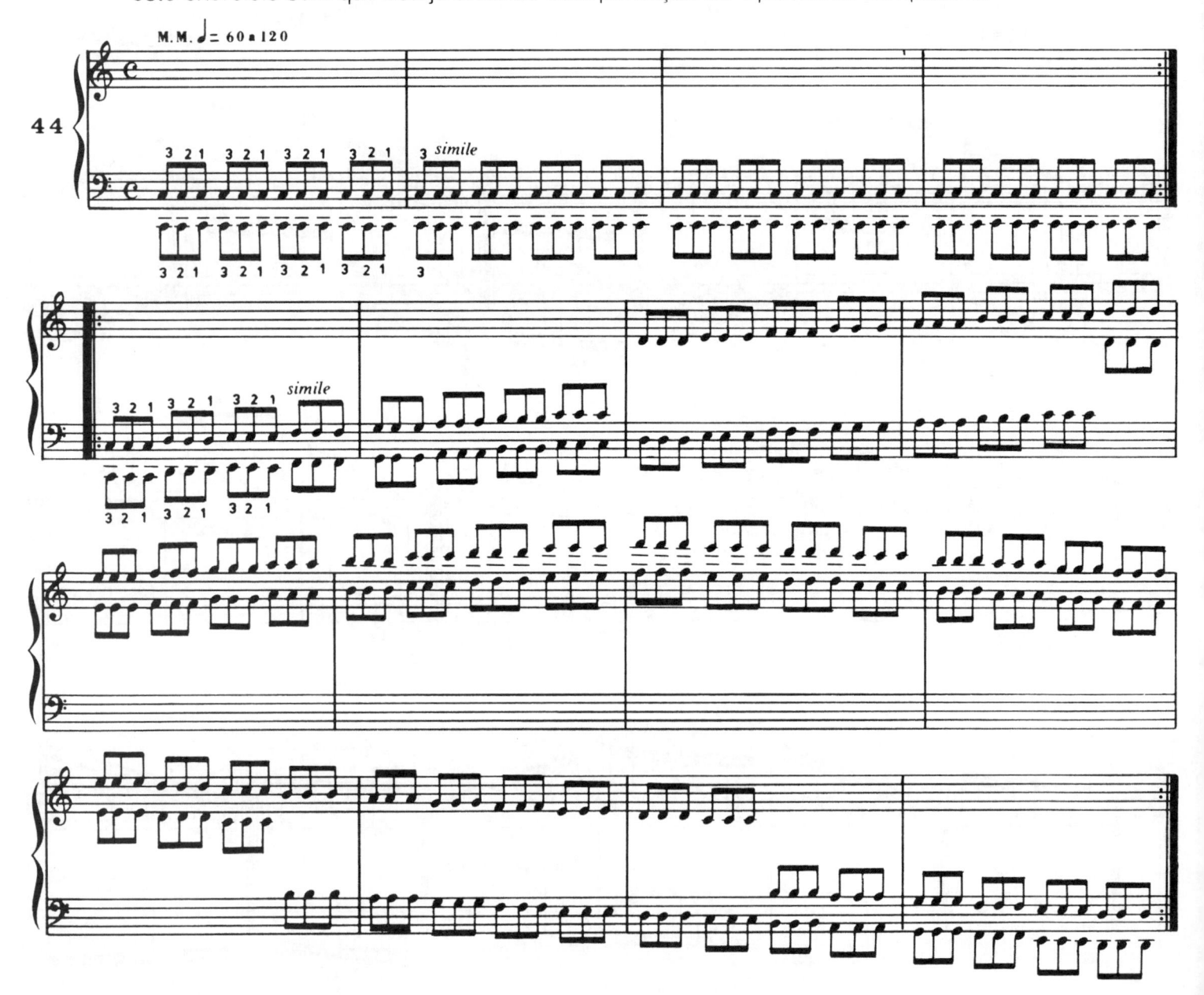

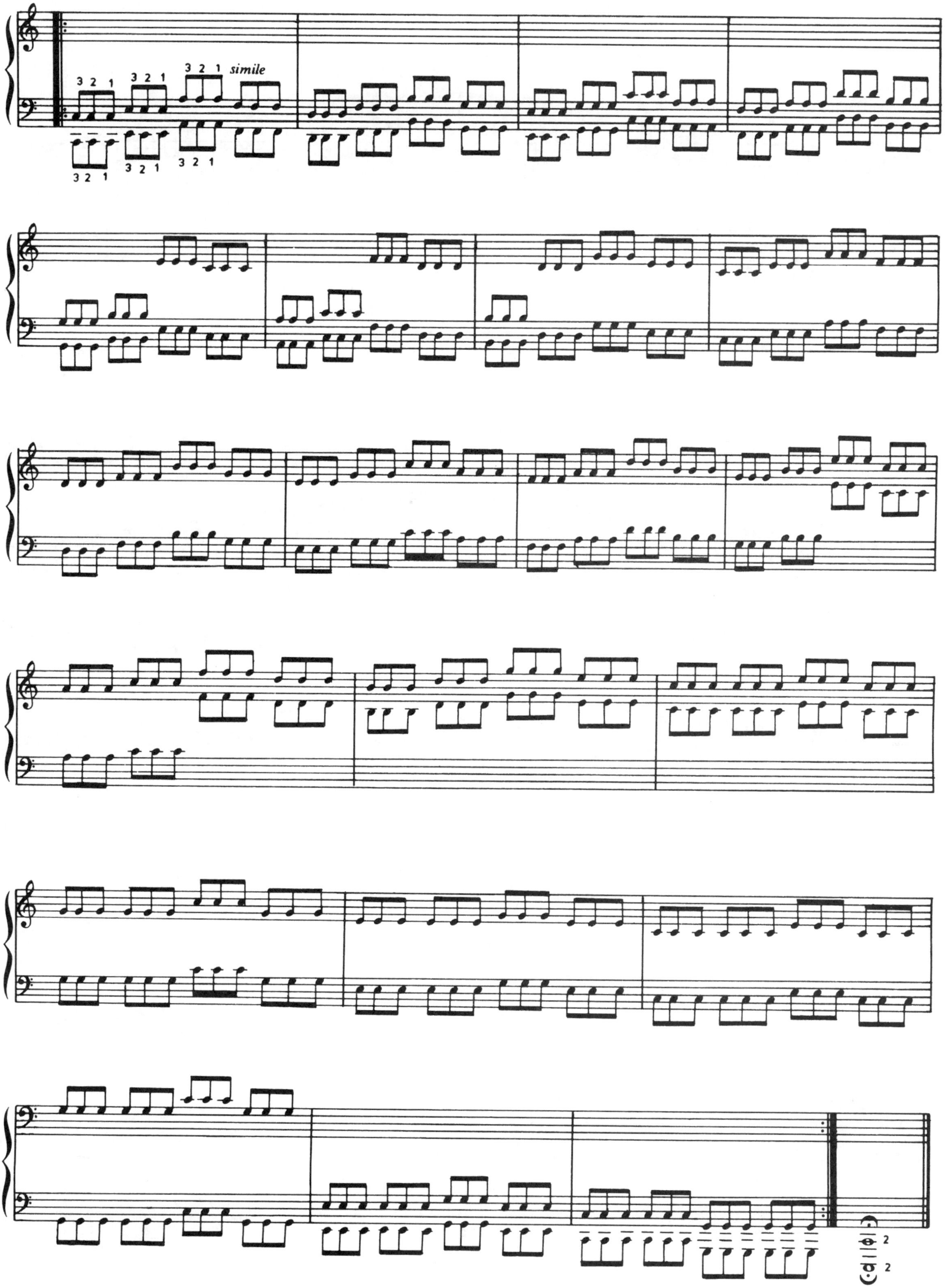
3 2 1
3 2 1
3 2 1 simile
3 2 1
3 2 1
3 2 1
2
2

Notas repetidas de duas em duas para os cinco dedos

Estudar o primeiro exercício até que esteja perfeito. Executar separadamente os cinco exercícios que se seguem e somente depois é que se deve tocar toda a página sem parar.

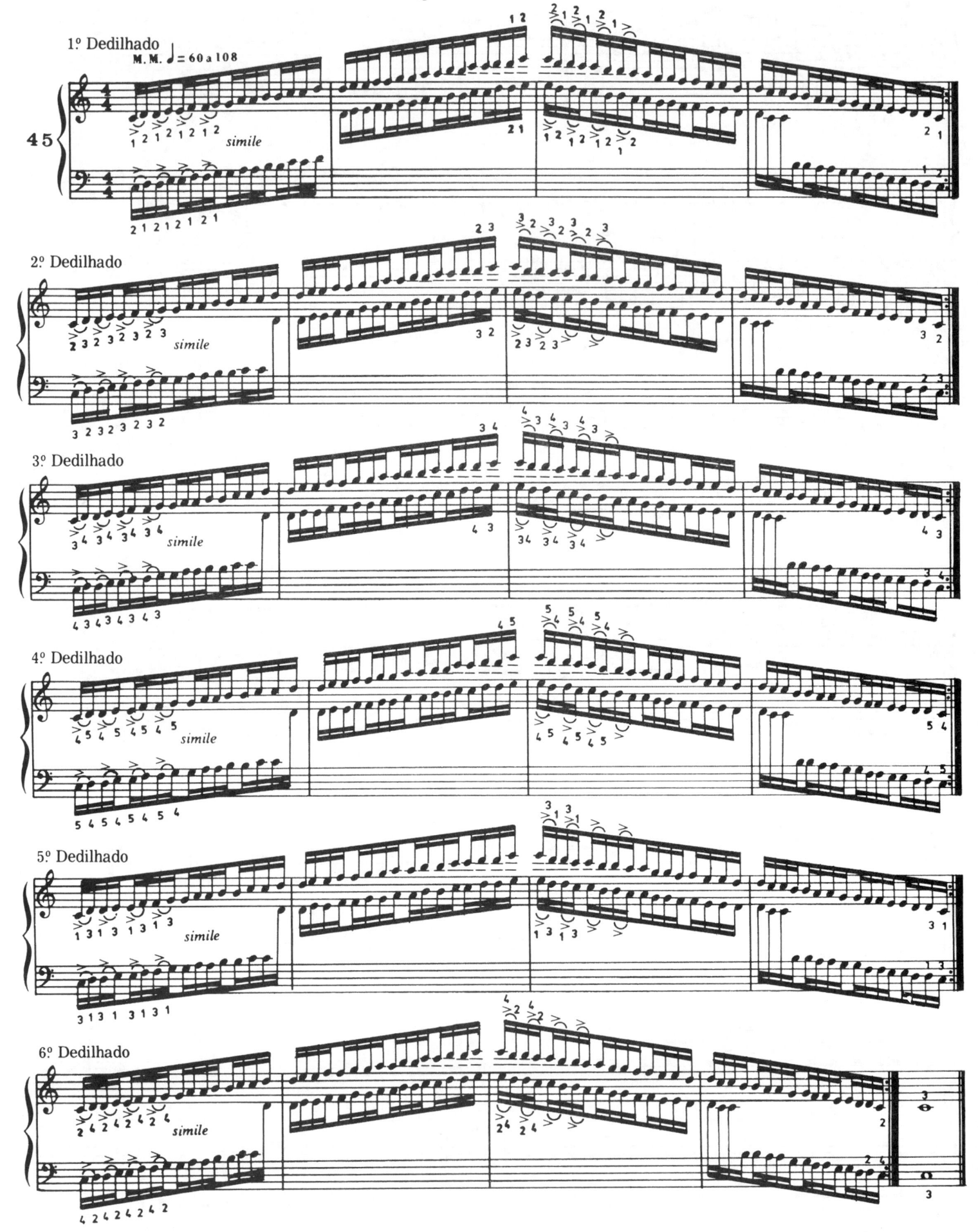

Acentuar a 1.ª das duas notas ligadas.

Do Trinado

Para os cinco dedos

Estudar a primeira linha até que se possa executá-la com muita nitidez e com um movimento bastante rápido. Depois se passará a estudar o que segue.

Observe bem a mais perfeita igualdade nas passagens marcadas com o dedilhado de substituição. (I).

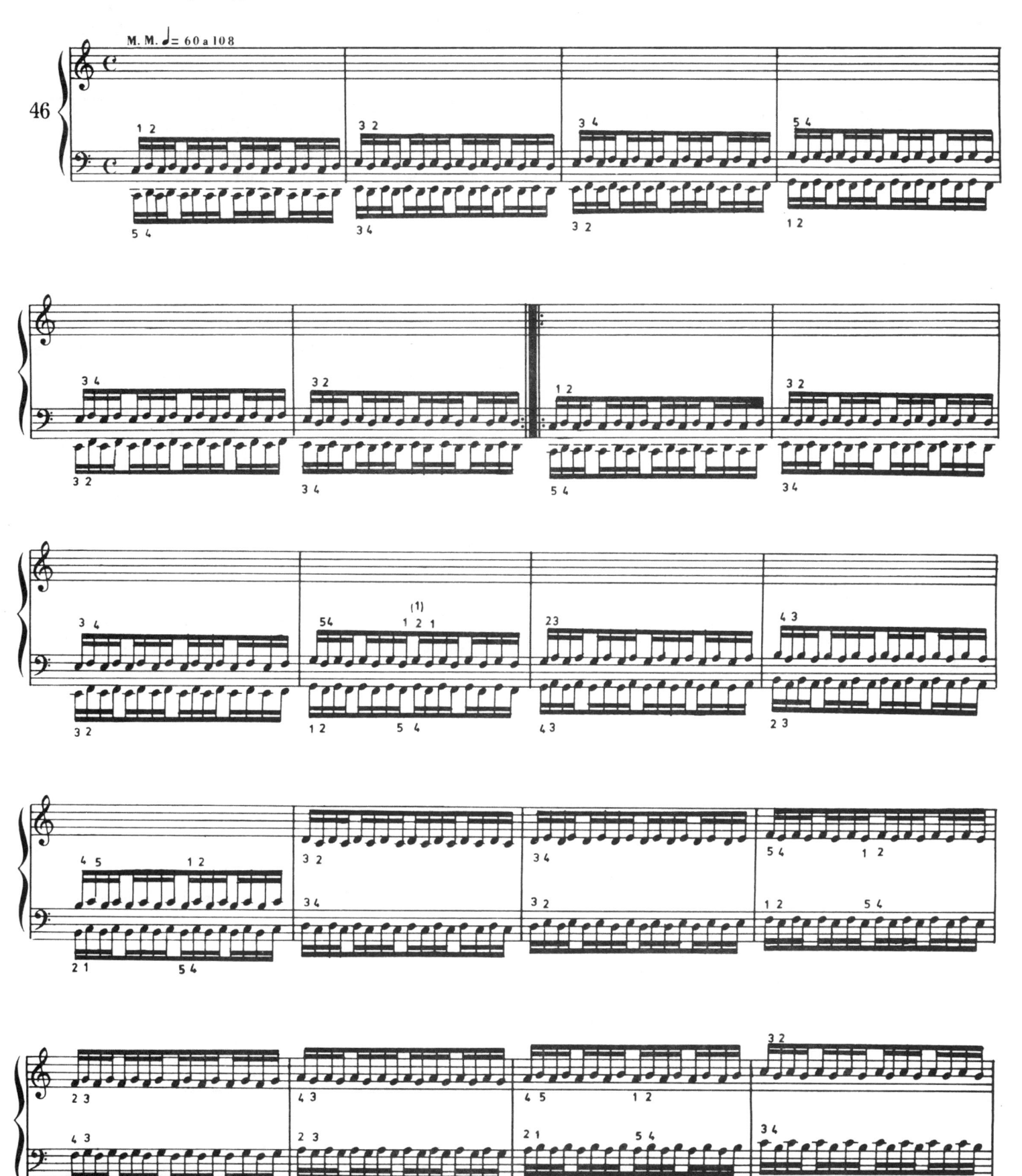

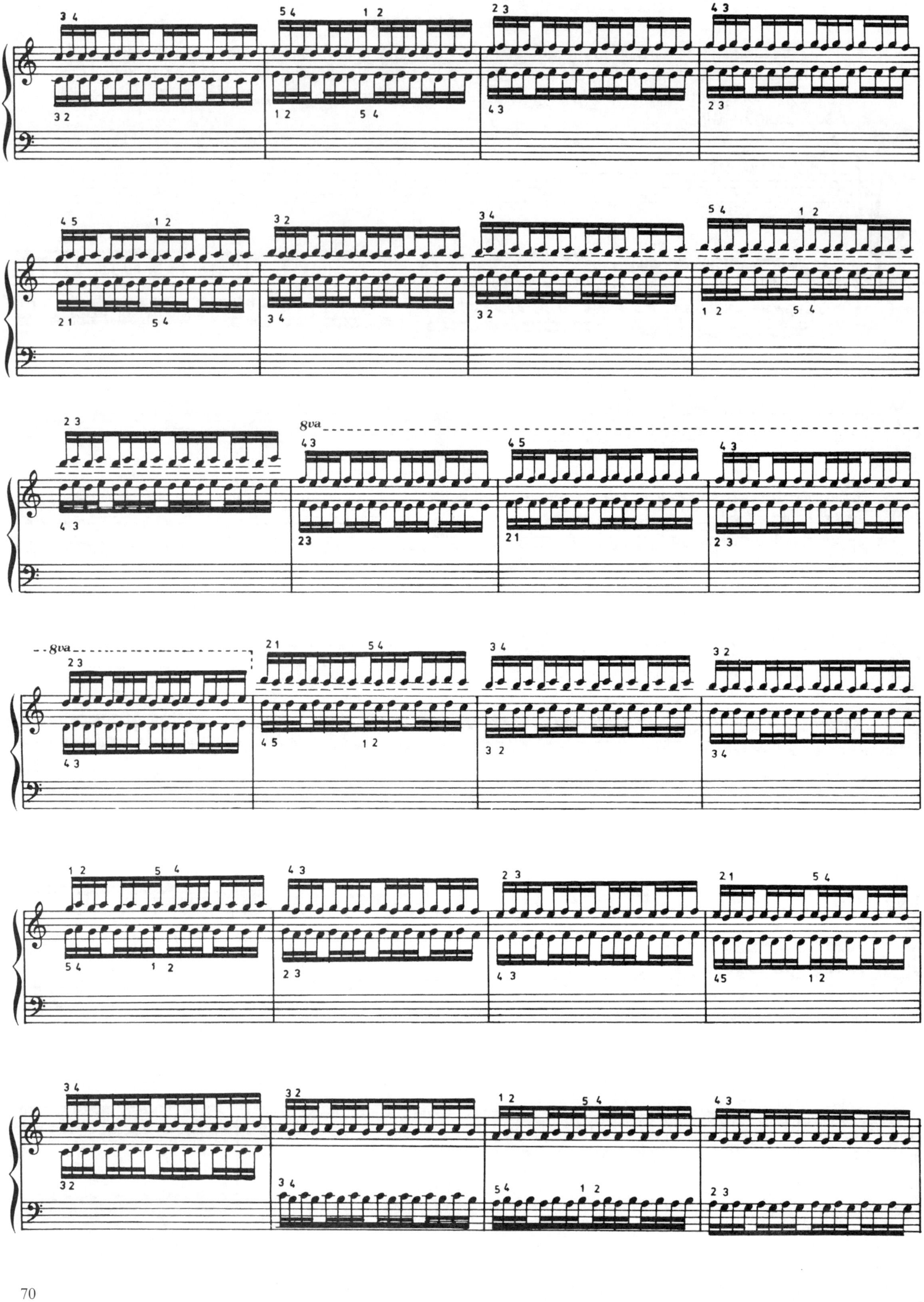
8va
8va

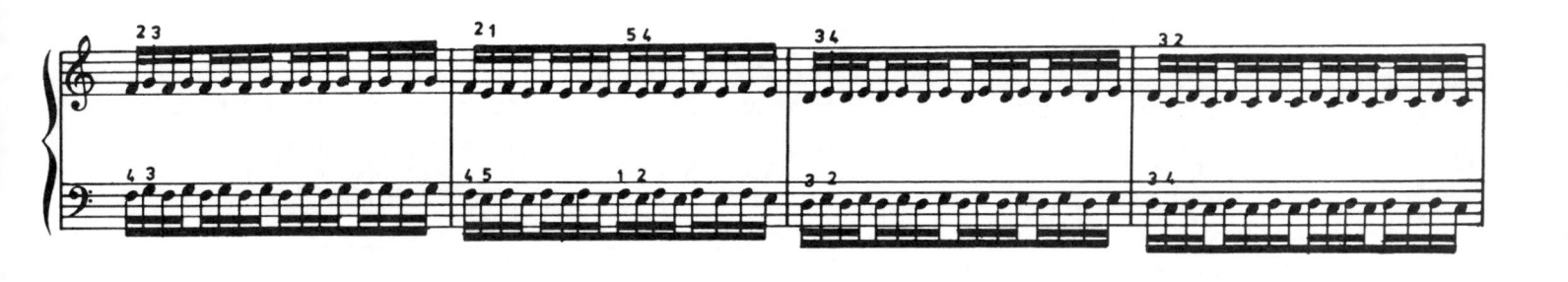

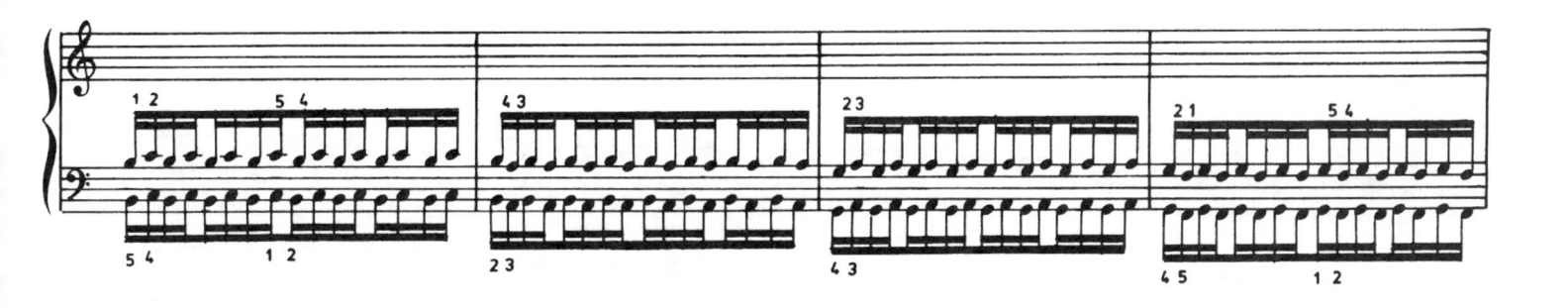

Observa-se que Mozart para 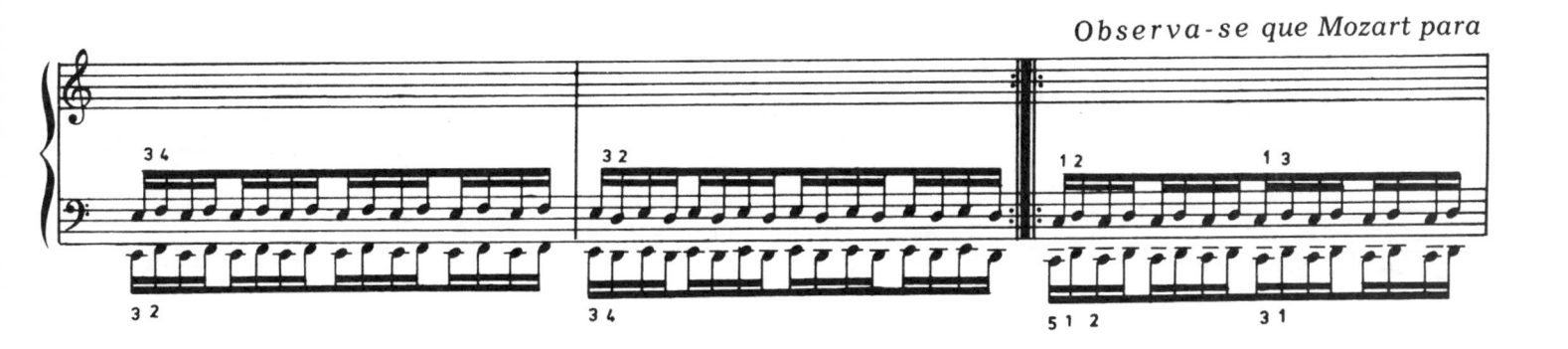 o estudo do Trinado usava este exercício.

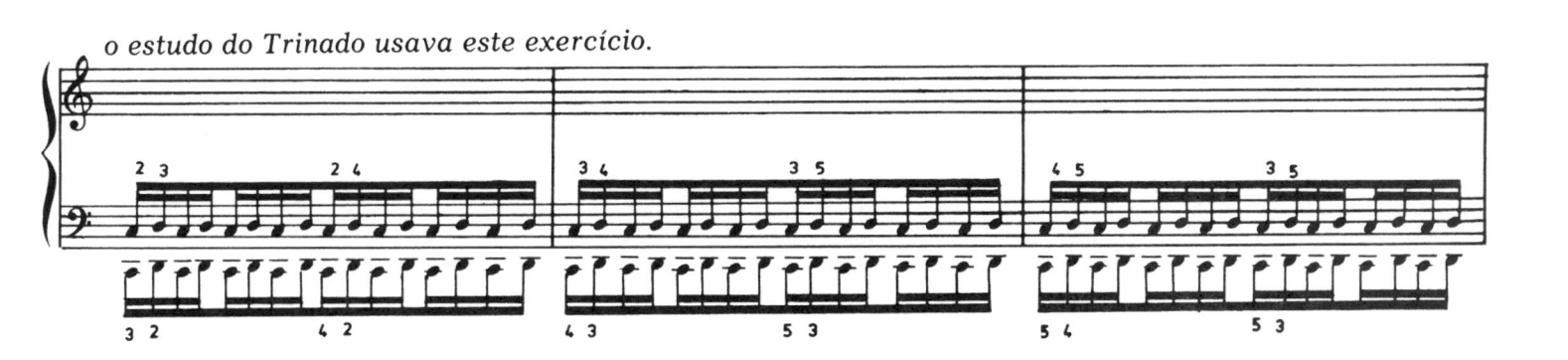

Dedilhado praticado por S. Thalberg.

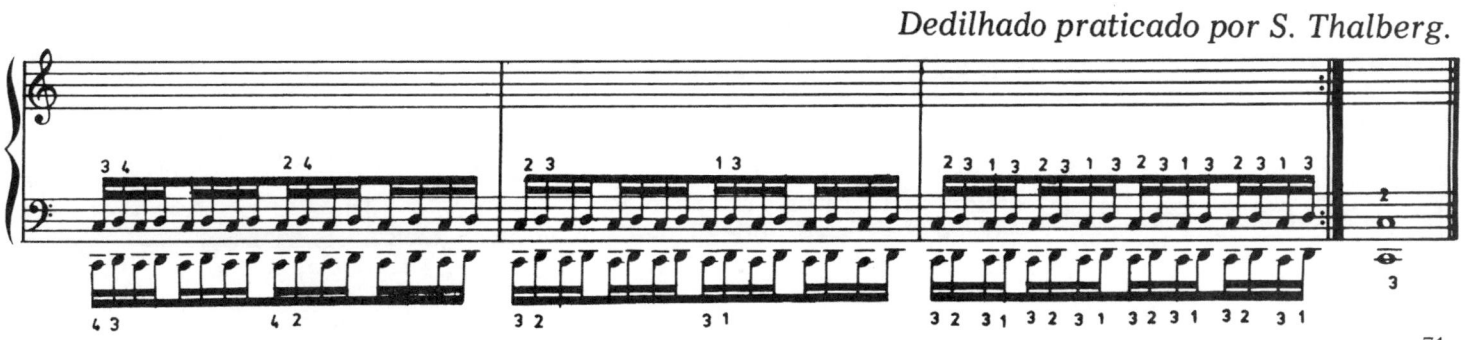

Notas repetidas de quatro em quatro

Articular bem os dedos durante todo o exercício sem levantar as mãos e os pulsos. Somente quando souber executar bem esta primeira linha, se poderá estudar a continuação.

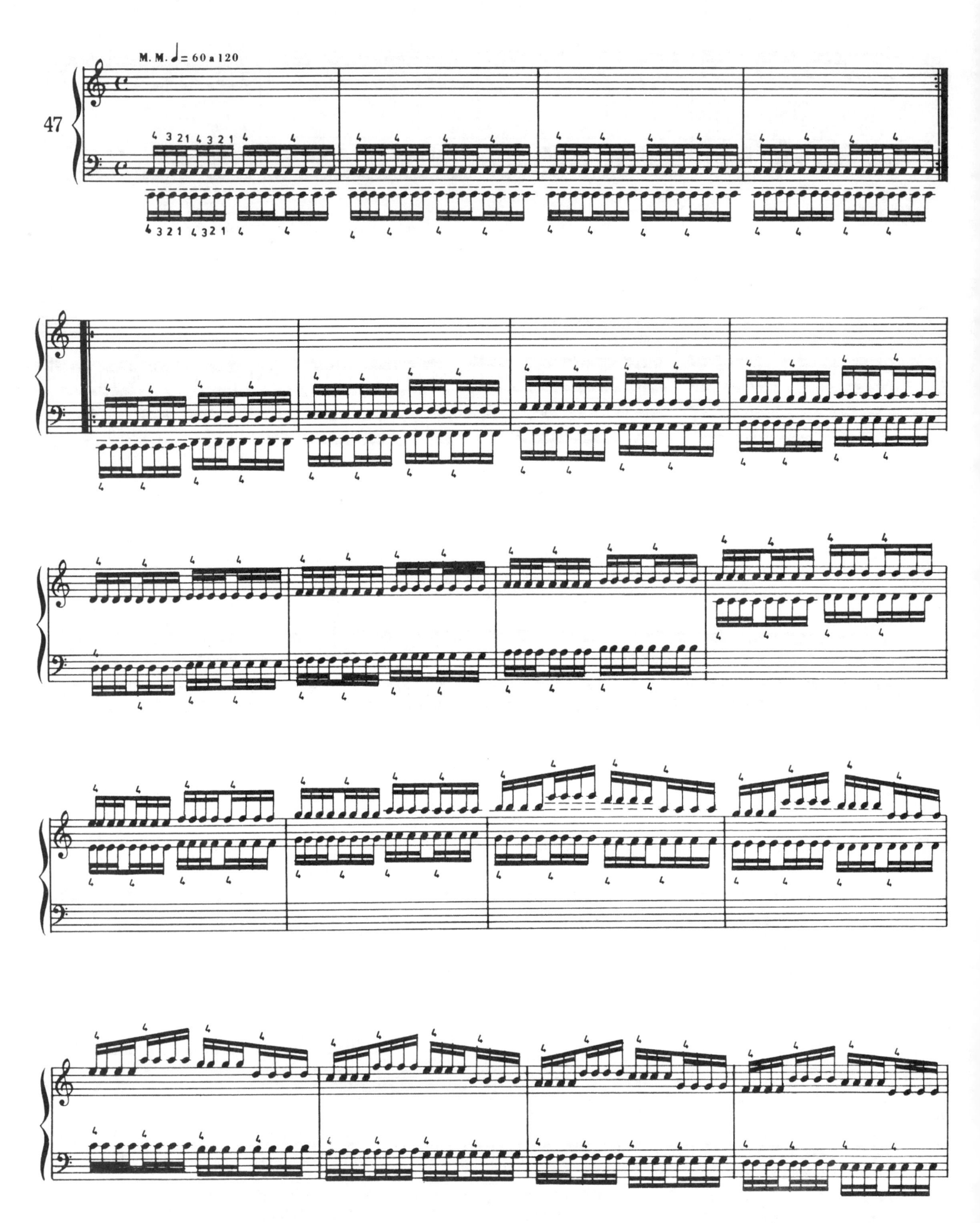

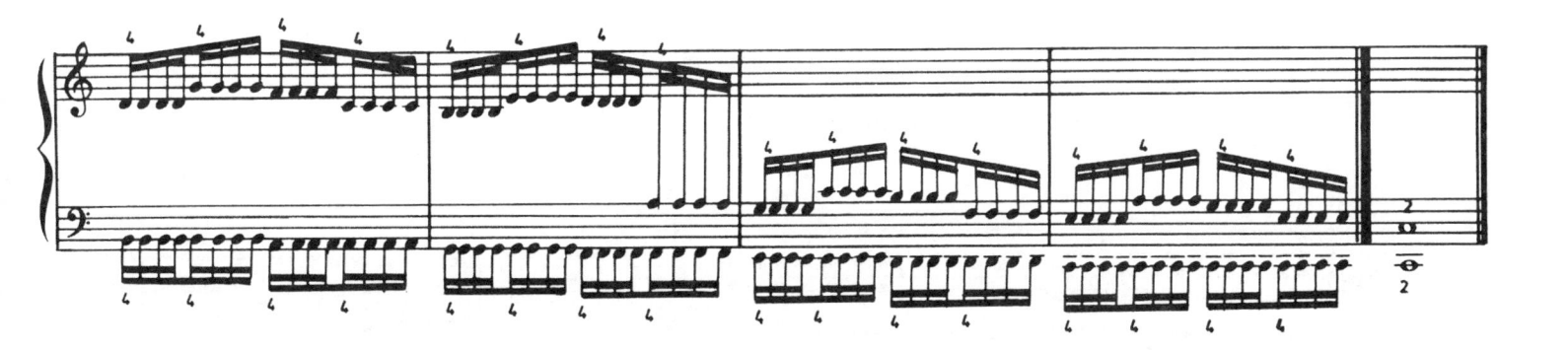

Exercício para o pulso
em terças

Levantar o pulso em cada nota, mantendo o braço perfeitamente imóvel.
O pulso deve ser elástico e os dedos muito firmes, porém sem dureza.
Os primeiros quatro compassos serão estudados até que se articule bem e com facilidade, passando depois a estudar o que se segue.

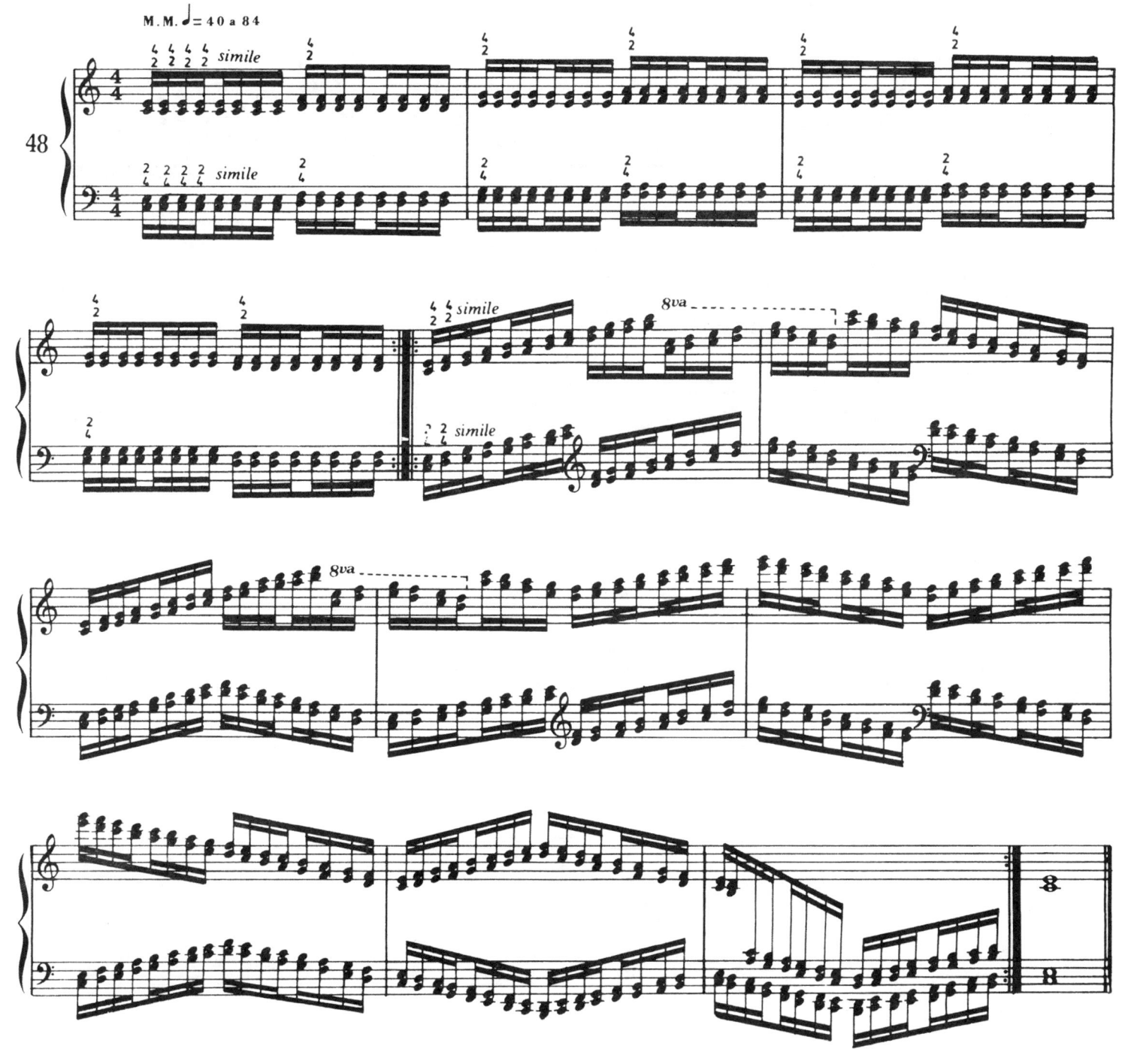

M.M. ♩ = 40 a 84

48

Em sextas destacadas

As mesmas observações das terças.

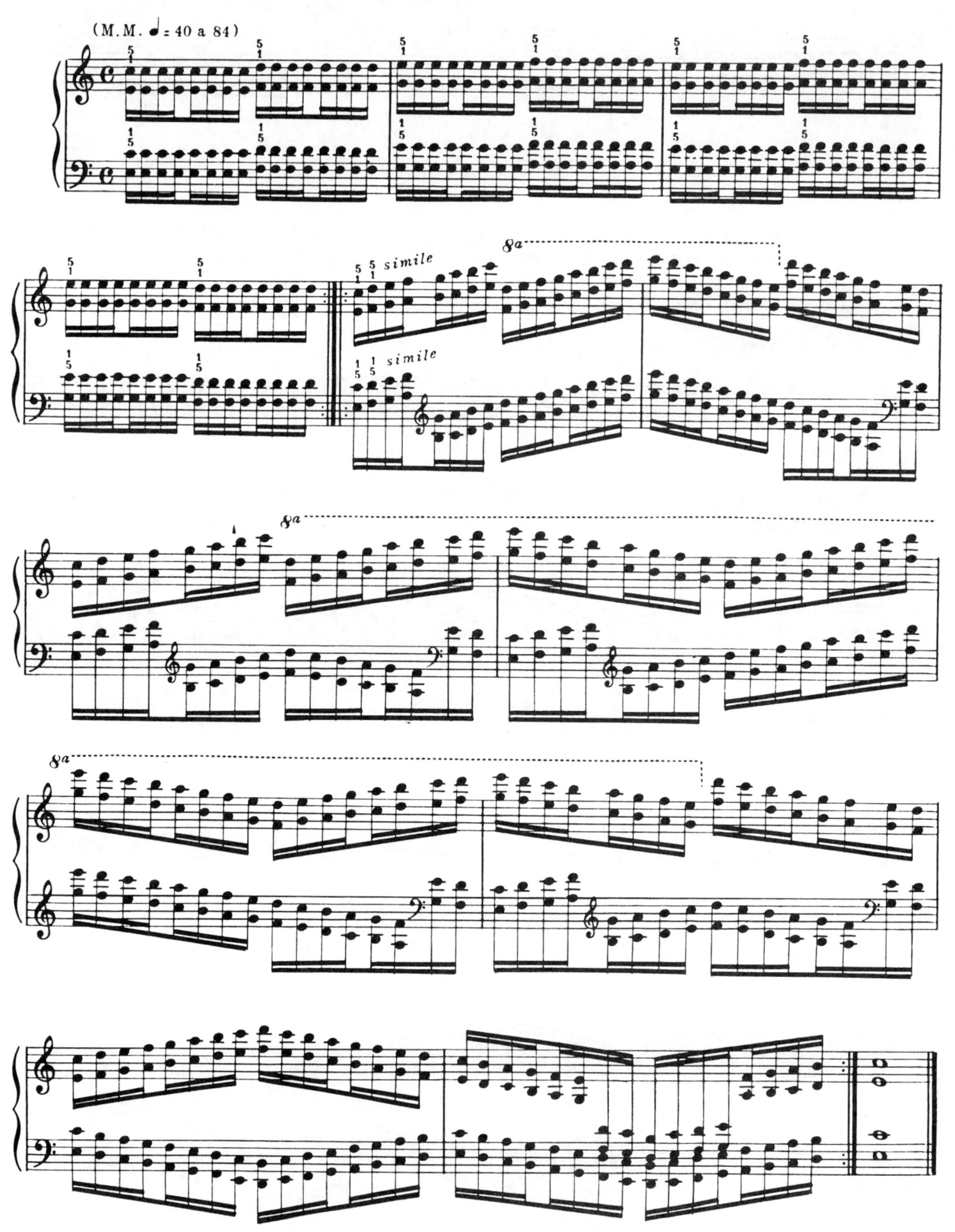

Exercício para extensão entre o 1.º, e 4.º, 2.º e 5.º dedos em ambas as mãos.

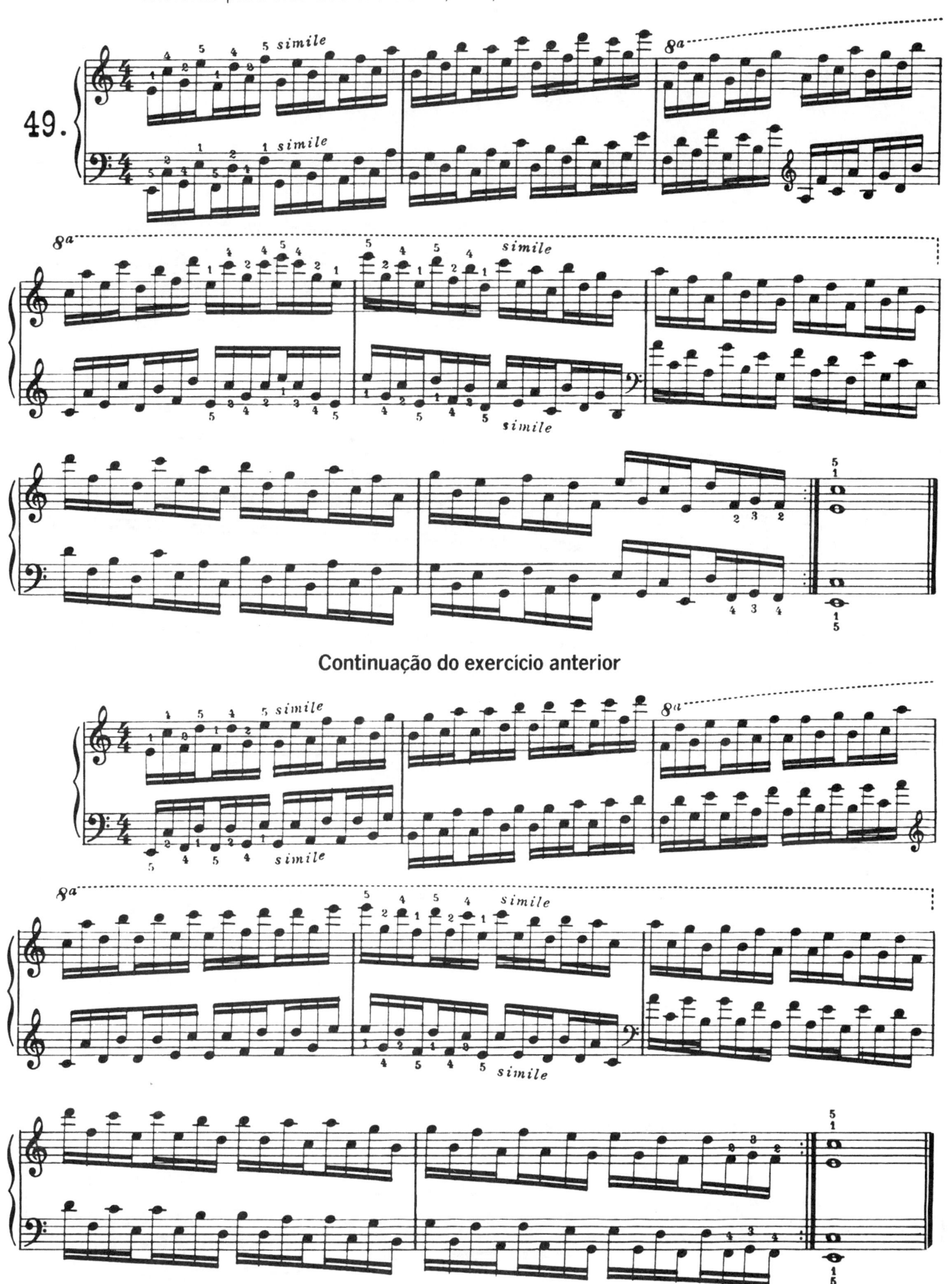

49.

Continuação do exercício anterior

Em terças

Recomendamos de um modo especial o estudo deste exercício, pois as terças ocupam um lugar muito importante na música difícil. É necessário que todas as notas sejam tocadas com grande igualdade e nitidez.

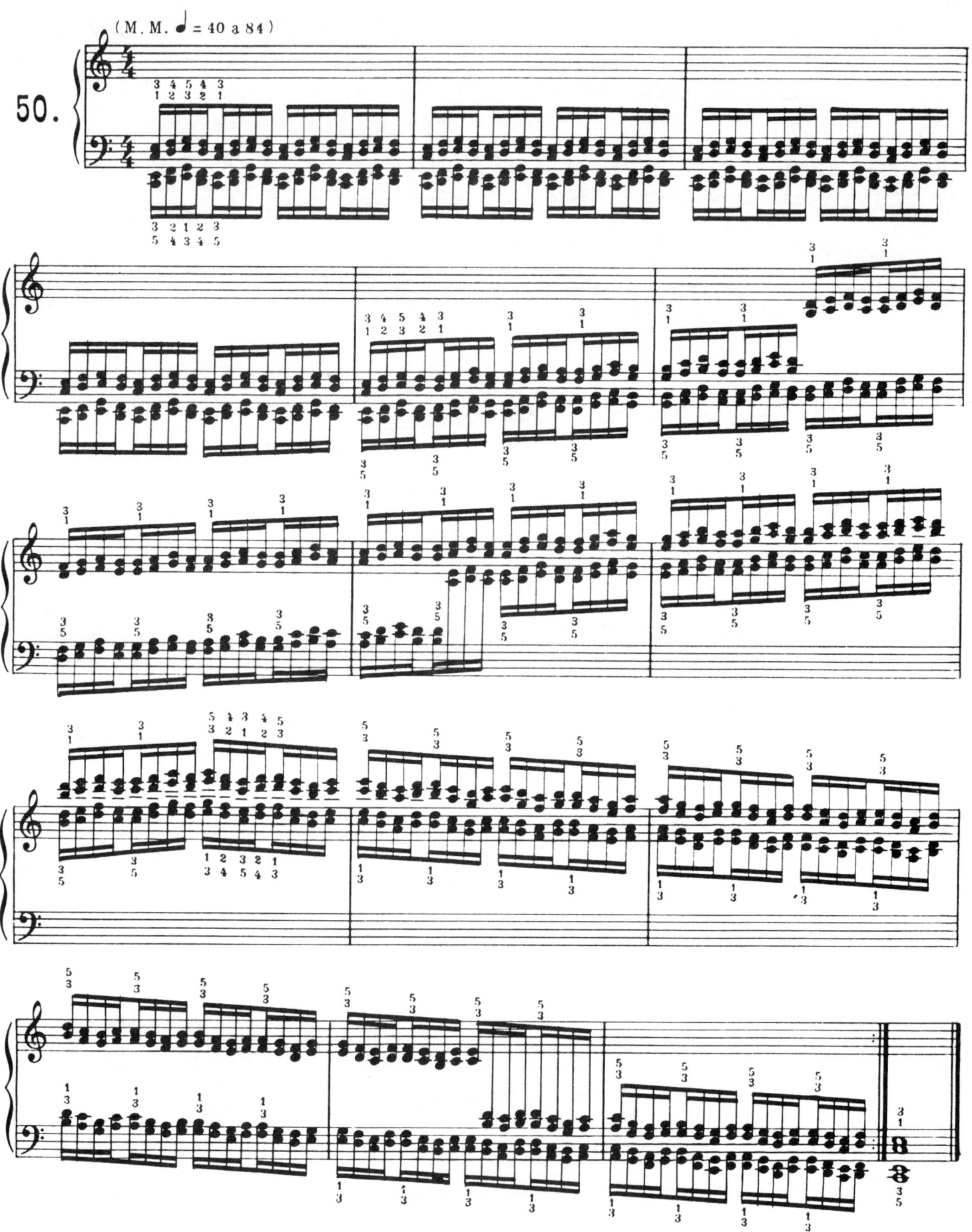

Escalas em terças ligadas

Para ligar bem as escalas, é necessário sustentar por um instante o 5º dedo da mão direita sobre uma das notas das terças, enquanto se passa o polegar e o 3º dedo para tocar as terças que seguem, de igual modo se sustentará o polegar da esquerda enquanto se executa o mesmo movimento. Marcamos com uma nota branca (l) as notas que se devem sustentar. Igualmente deve-se estudar as Escalas Cromáticas que seguem, como também todas as escalas em terças.

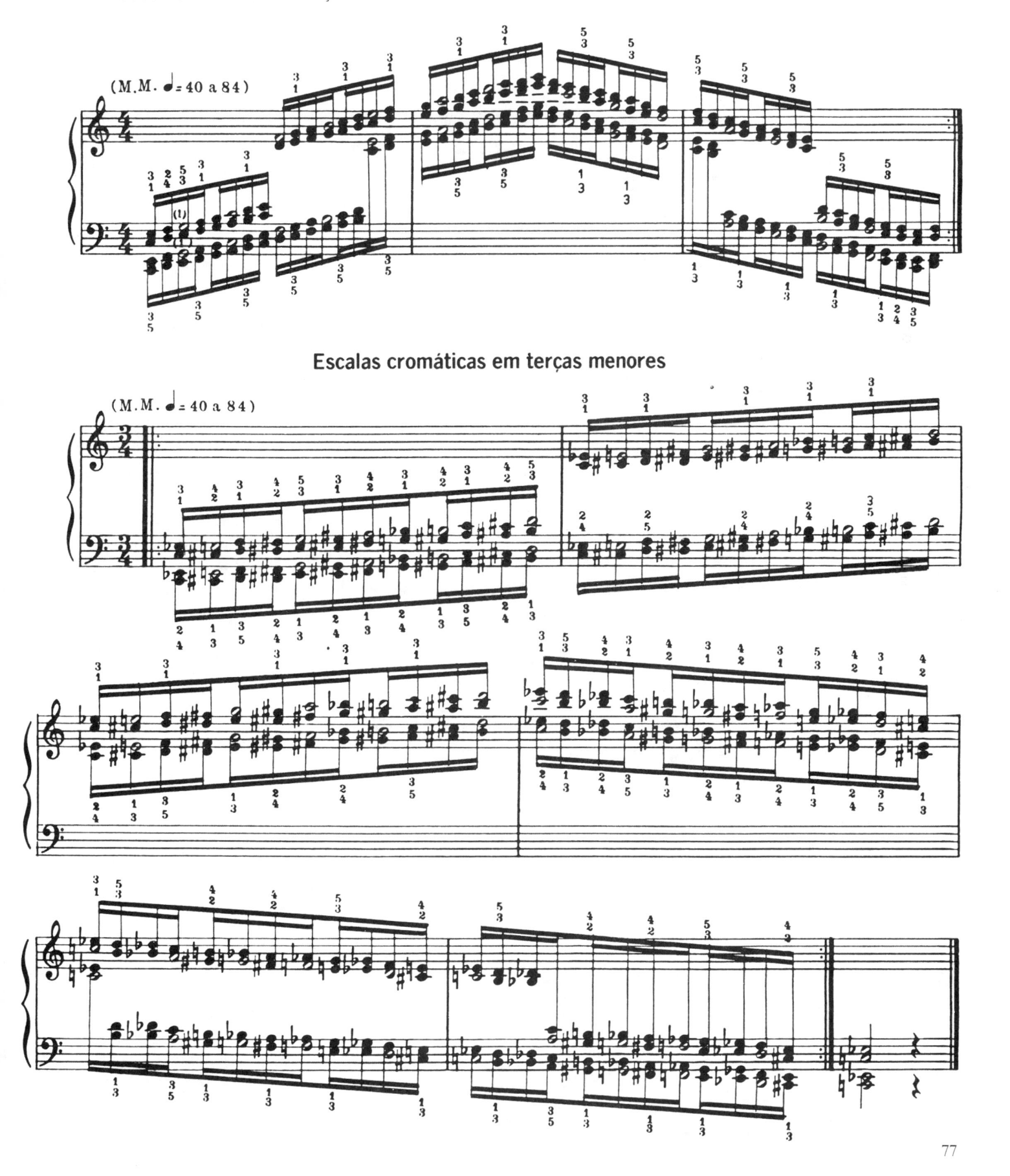

Escalas cromáticas em terças menores

Exercício preparatório para as escalas em oitavas

Os pulsos devem estar bem elásticos, os dedos que abrangem as oitavas bem firmes, porém sem rigidez, os dedos intermediários ligeiramente arredondados.

Estudar lentamente as duas primeiras linhas abaixo até conseguir fácil articulação dos pulsos, depois aumentando a velocidade; se os pulsos estiverem fatigados se diminuirá o movimento até que passe esta fadiga, voltando depois a tocar sem interrupção em movimento acelerado.

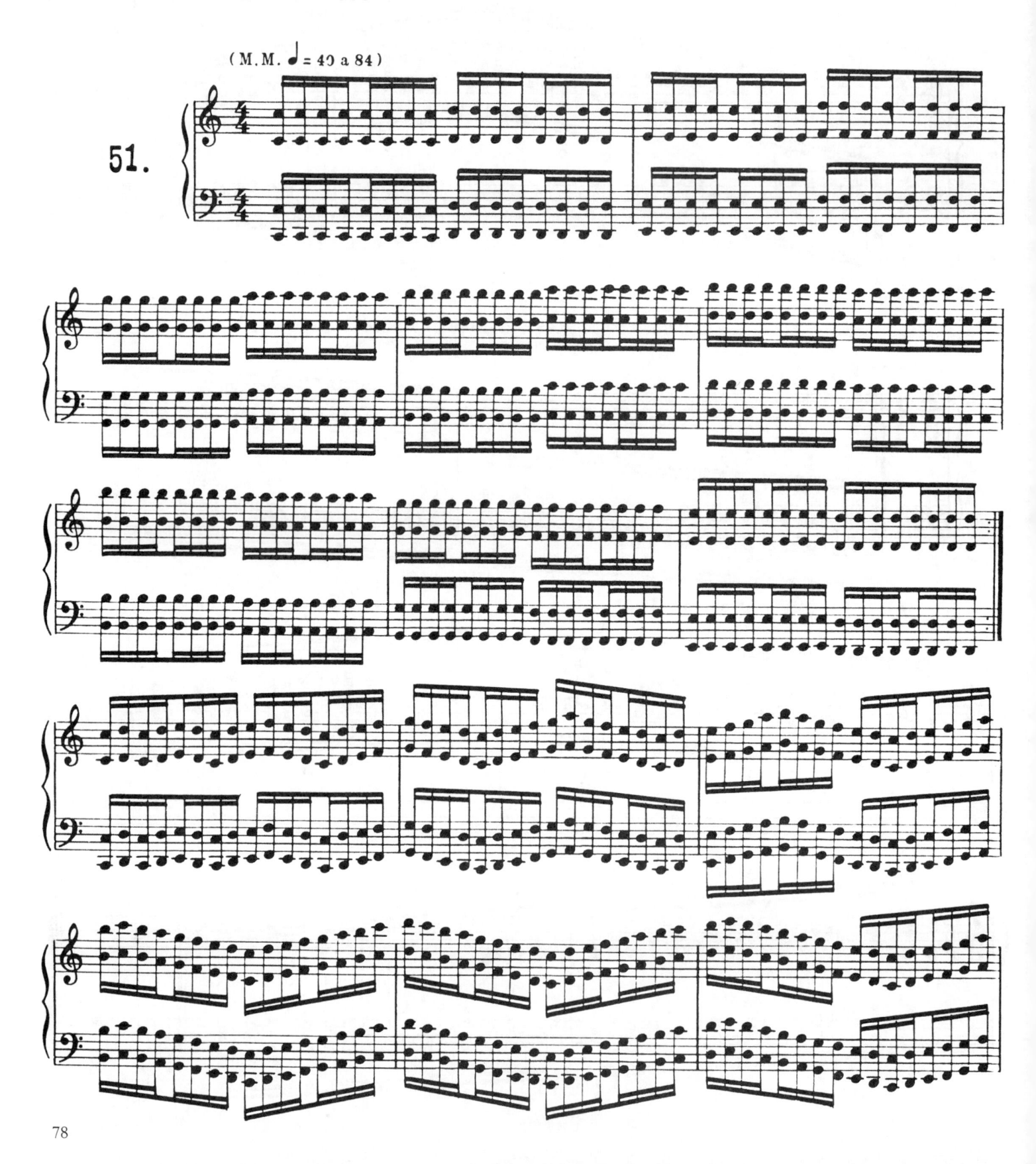

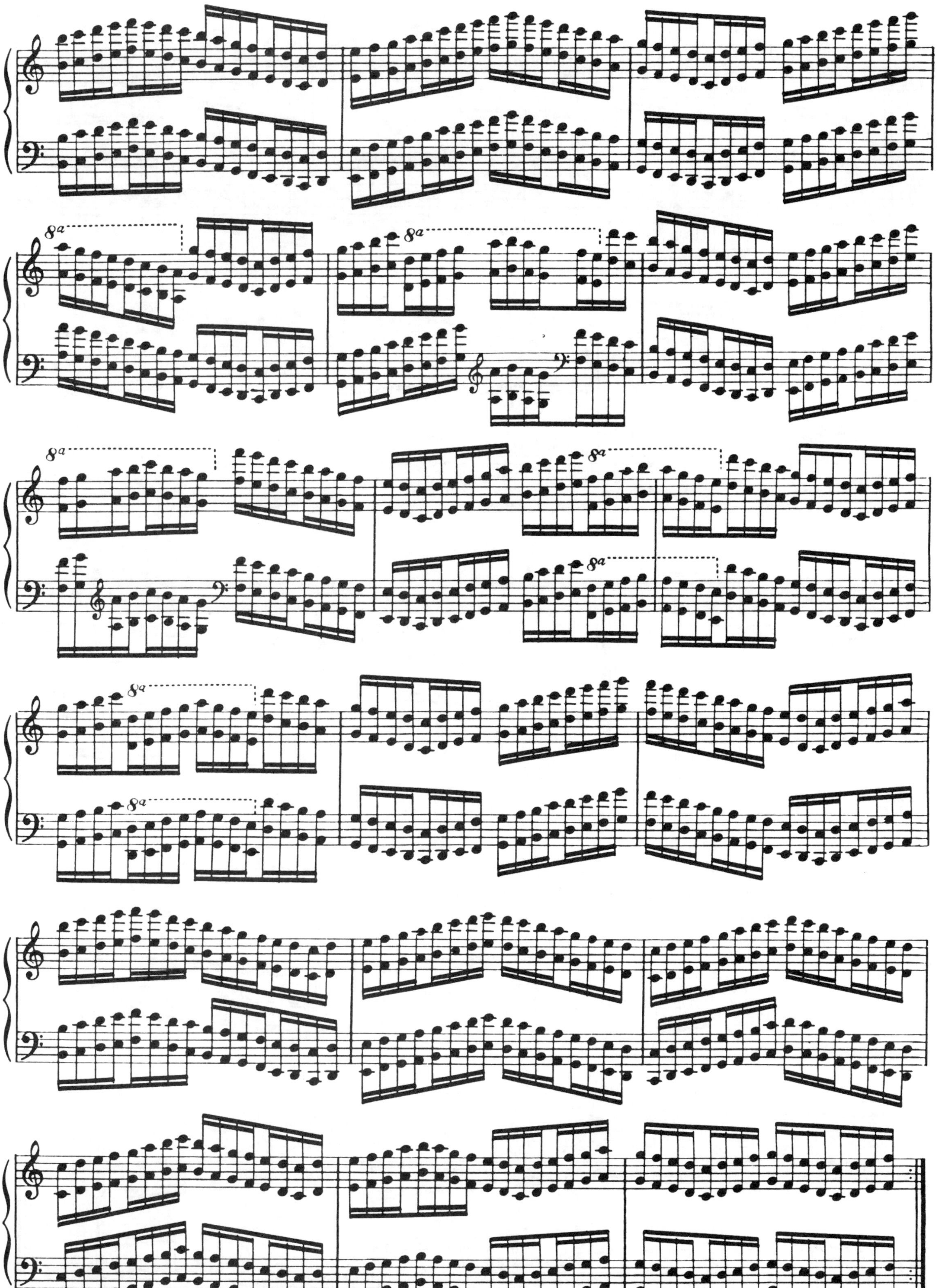
8a
8a
8a
8a
8a
8a
8a

80

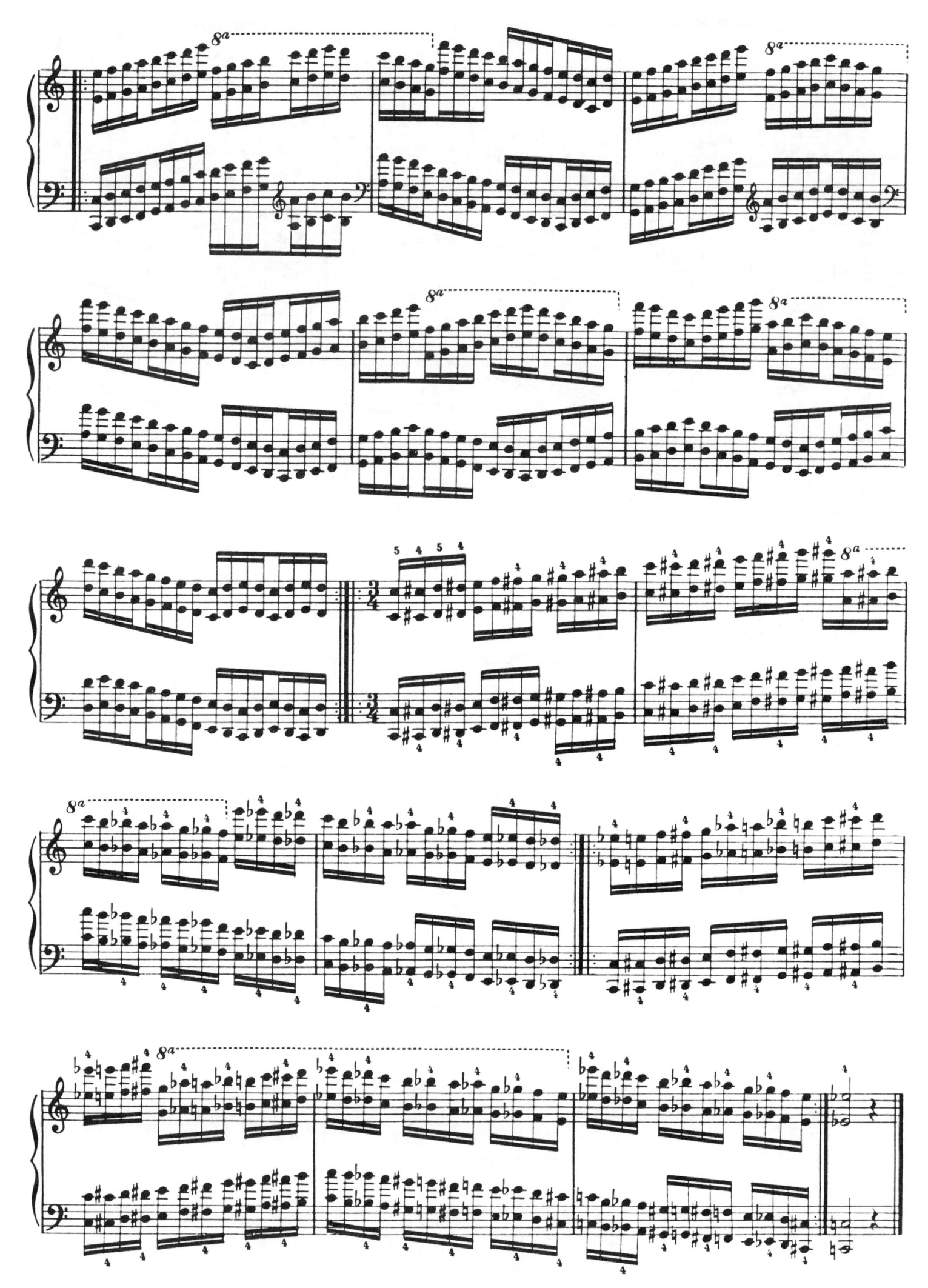

Escalas em terças nos tons mais usados

Estas escalas são muito importantes. É necessário executá-las bem ligadas. Veja observações do n.º 50.

52.
Dó Maior

Sol Maior

Ré Maior

Lá Maior

Mi Maior

Fá Maior

Si♭ Maior

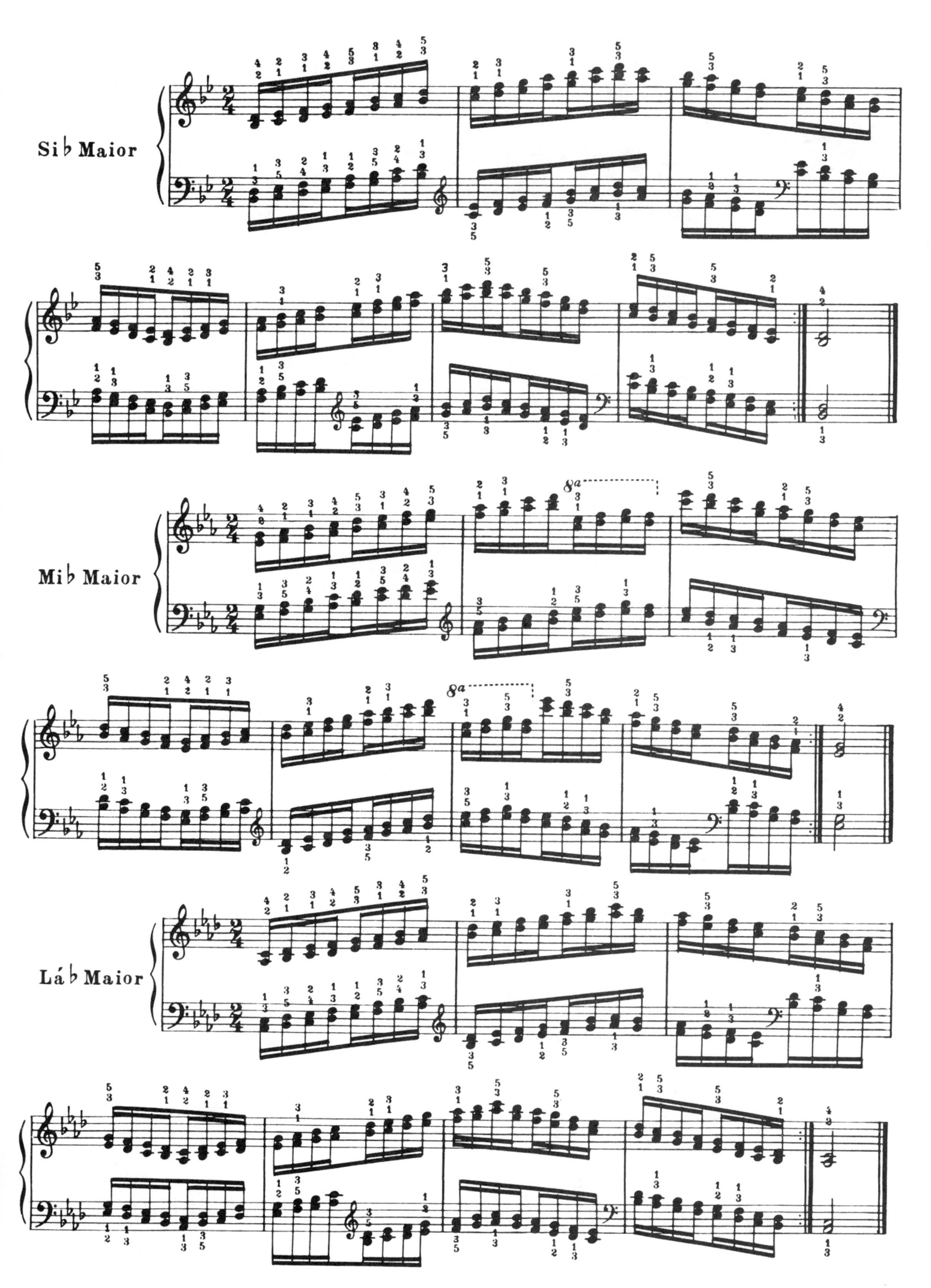

Mi♭ Maior

Lá♭ Maior

Lá menor

Ré menor

Sol menor

ESCALAS EM OITAVAS NOS 24 TONS

Estudar estas escalas separadamente até executá-las com certa facilidade. Depois se tocará as 24 seguidas sem interrupção.

Insistimos na necessidade absoluta de articular com perfeição os pulsos, sendo este o único meio para conseguir executar as oitavas com doçura, ao mesmo tempo com vivacidade e energia.

Veja explicação nos n.os 48 e 51.

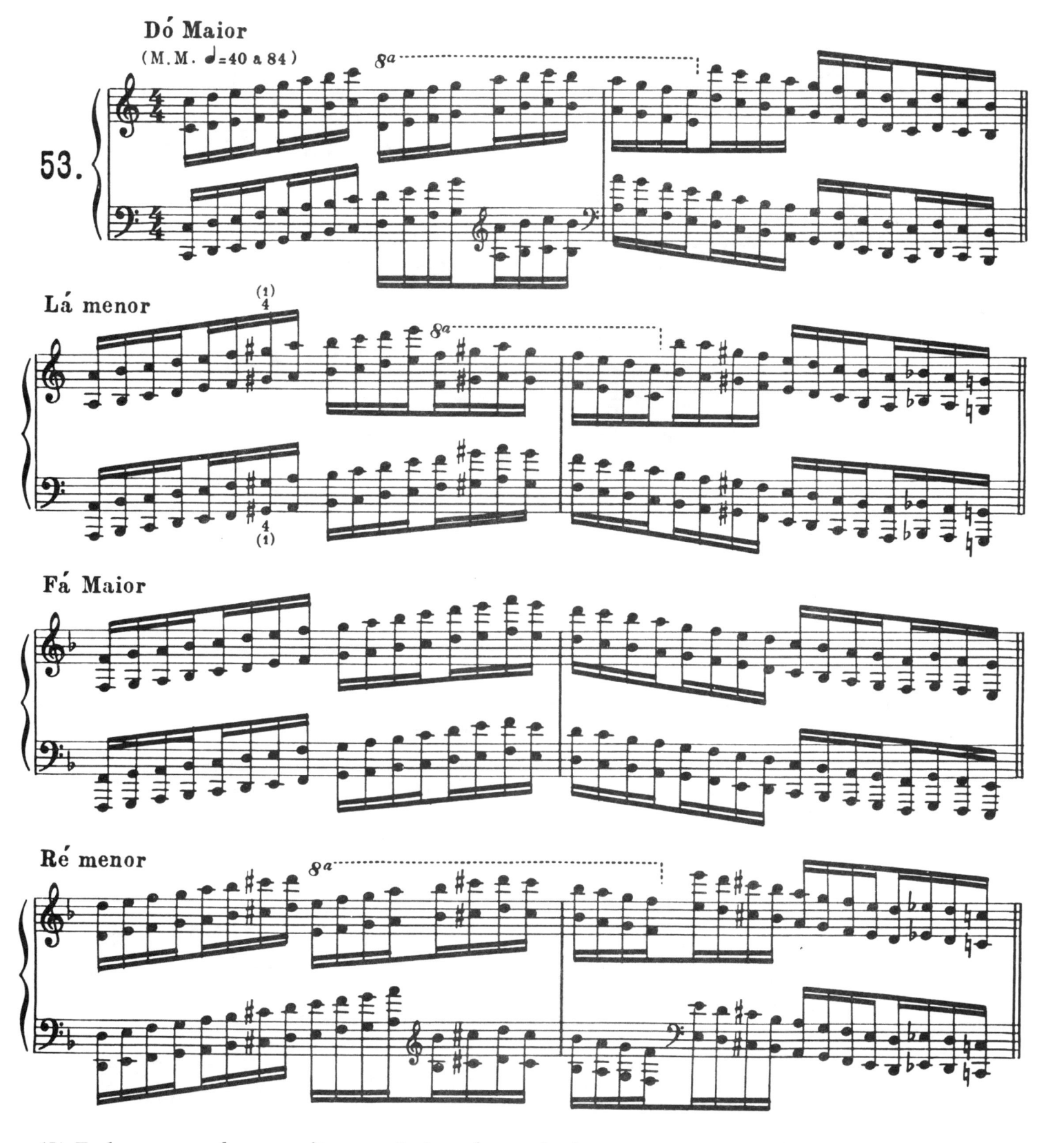

53.

Dó Maior
(M.M. ♩=40 a 84)

Lá menor

Fá Maior

Ré menor

(I) Todas as escalas em oitavas são tocadas as teclas pretas com o 4º dedo de cada mão.

Si♭ Maior

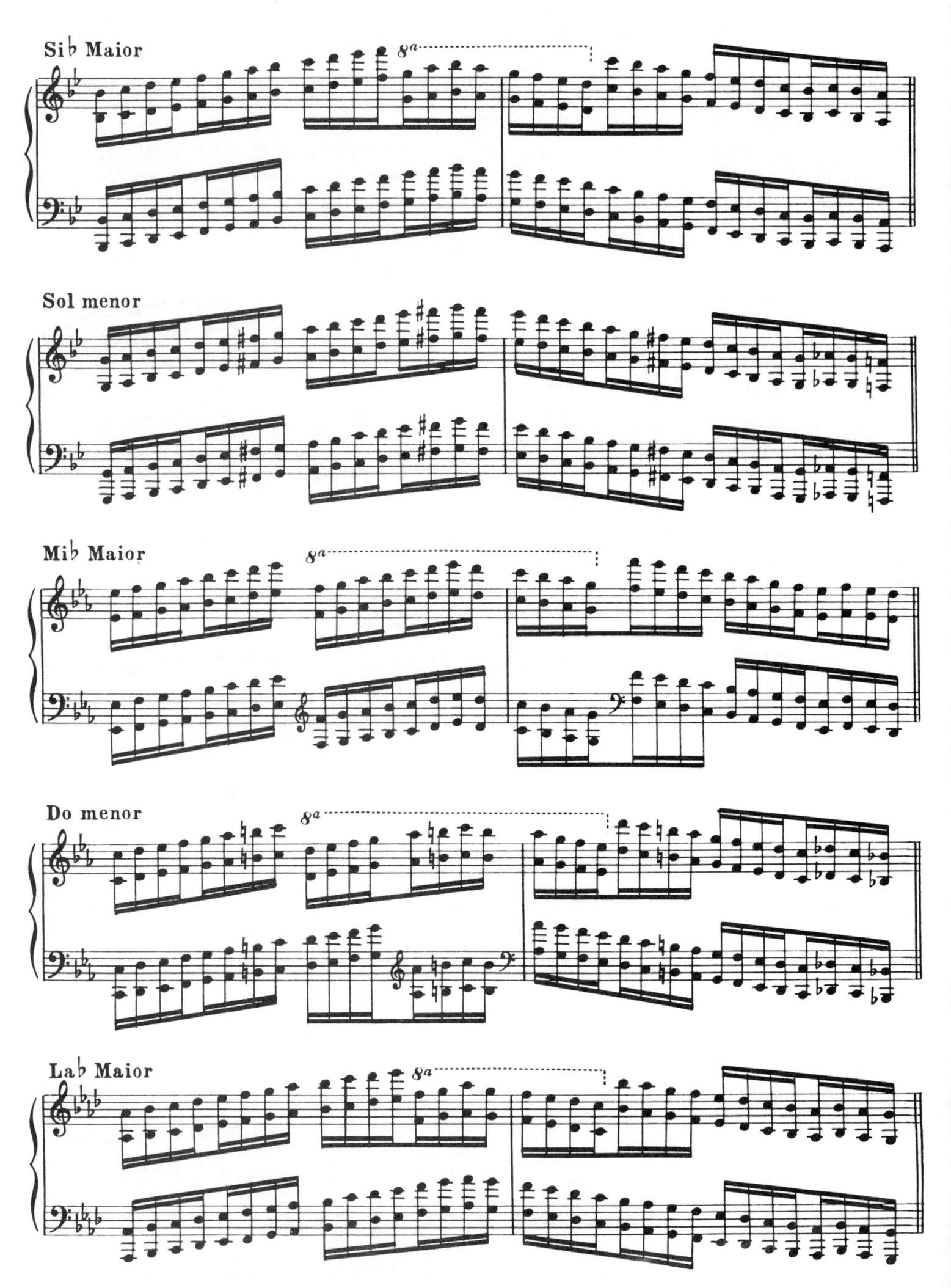

Sol menor

Mi♭ Maior

Do menor

La♭ Maior

Fá menor

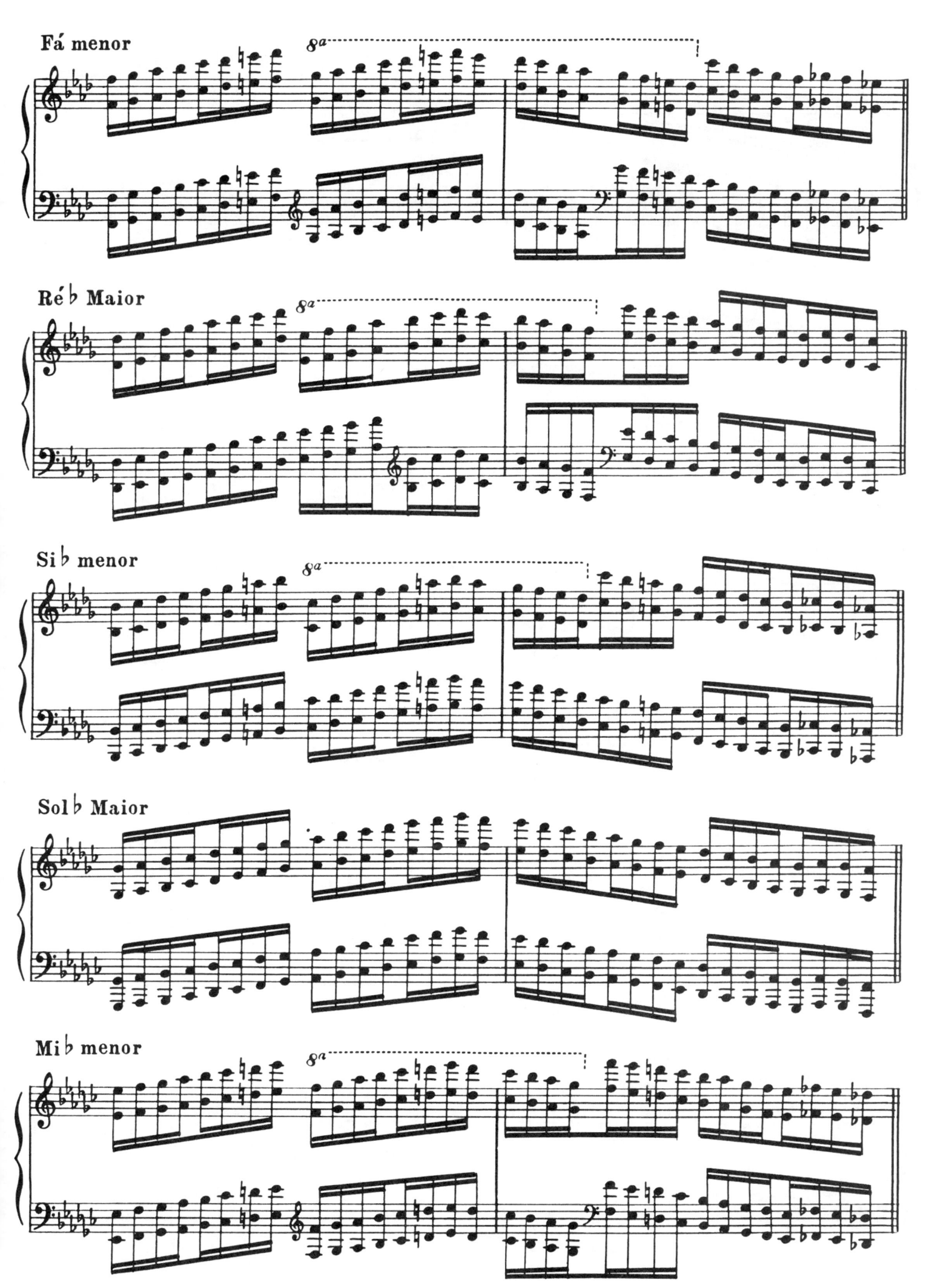

Ré♭ Maior

Si♭ menor

Sol♭ Maior

Mi♭ menor

Si Maior

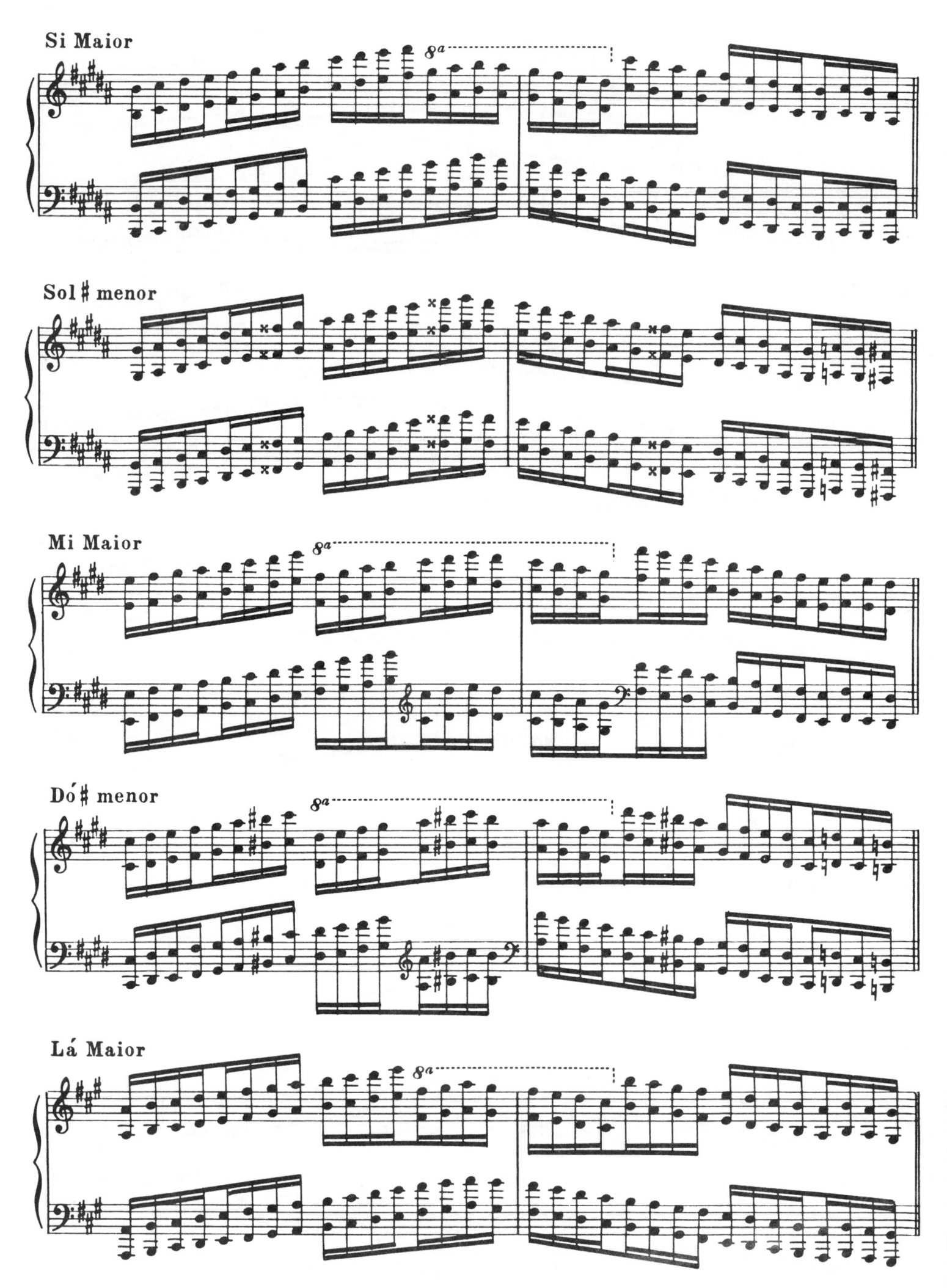

Sol♯ menor

Mi Maior

Dó♯ menor

Lá Maior

Fá # menor

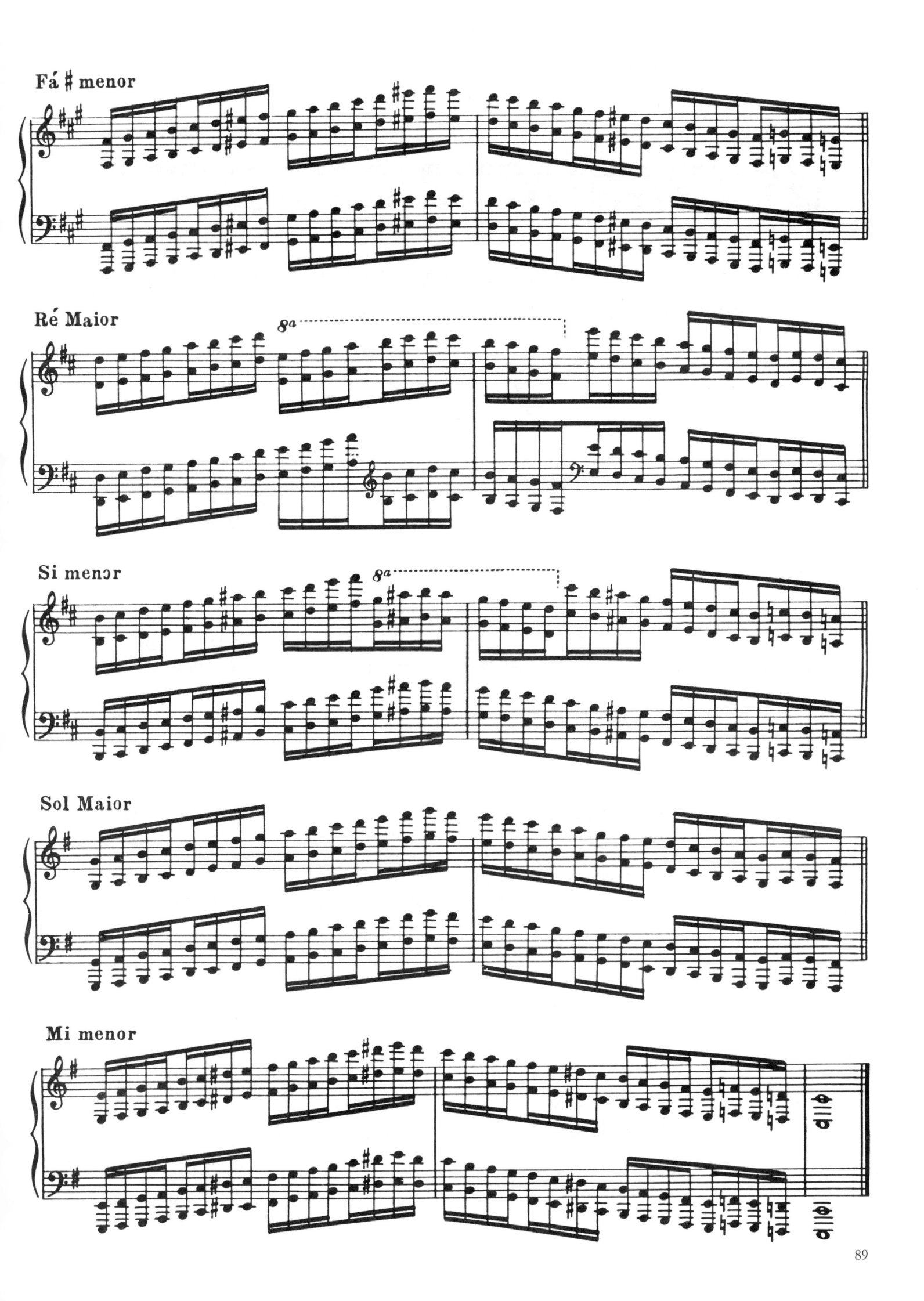

Ré Maior

Si menor

Sol Maior

Mi menor

Do trinado quádruplo em terças para os cinco dedos

Cada terça deve-se ouvir mui claramente.

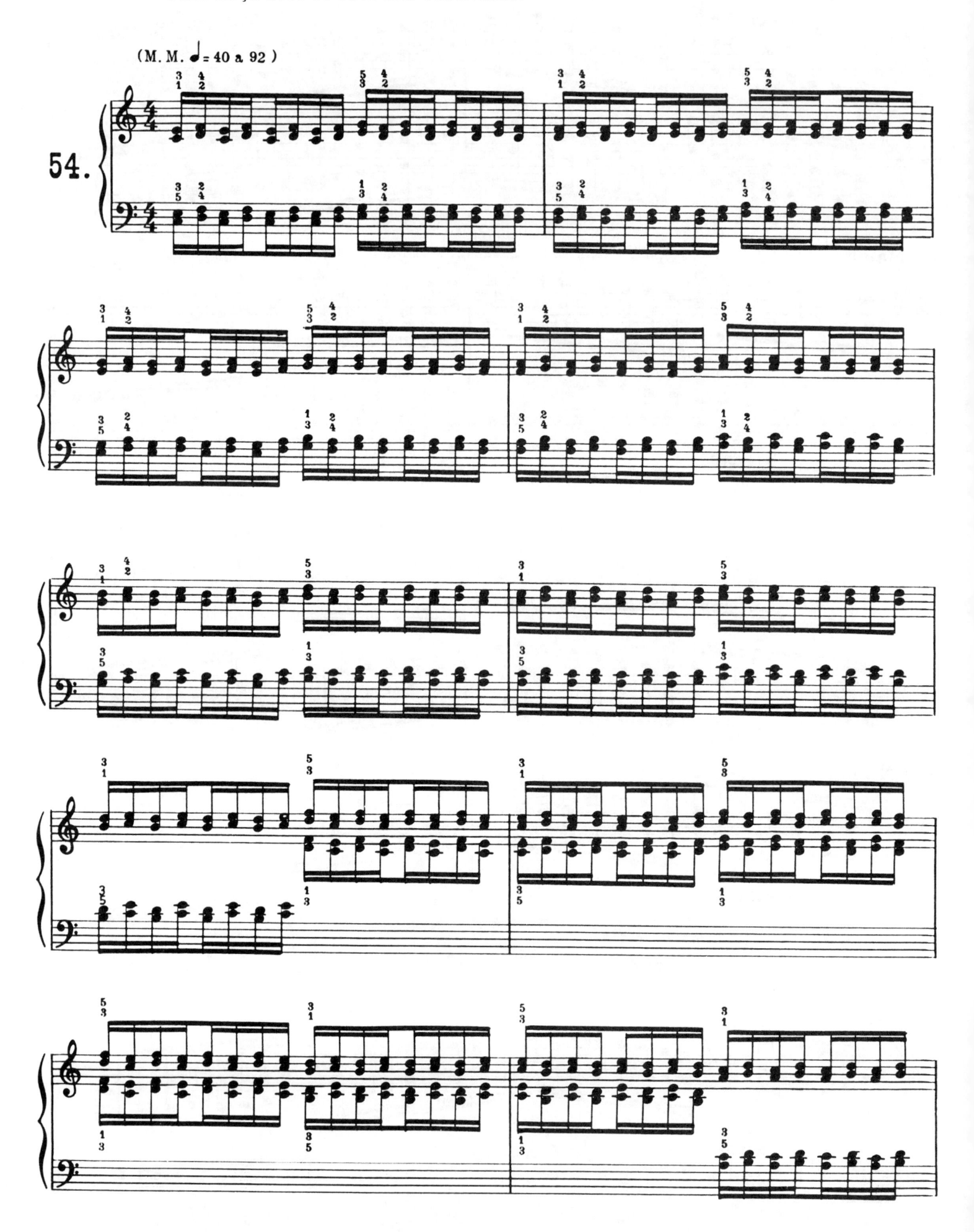

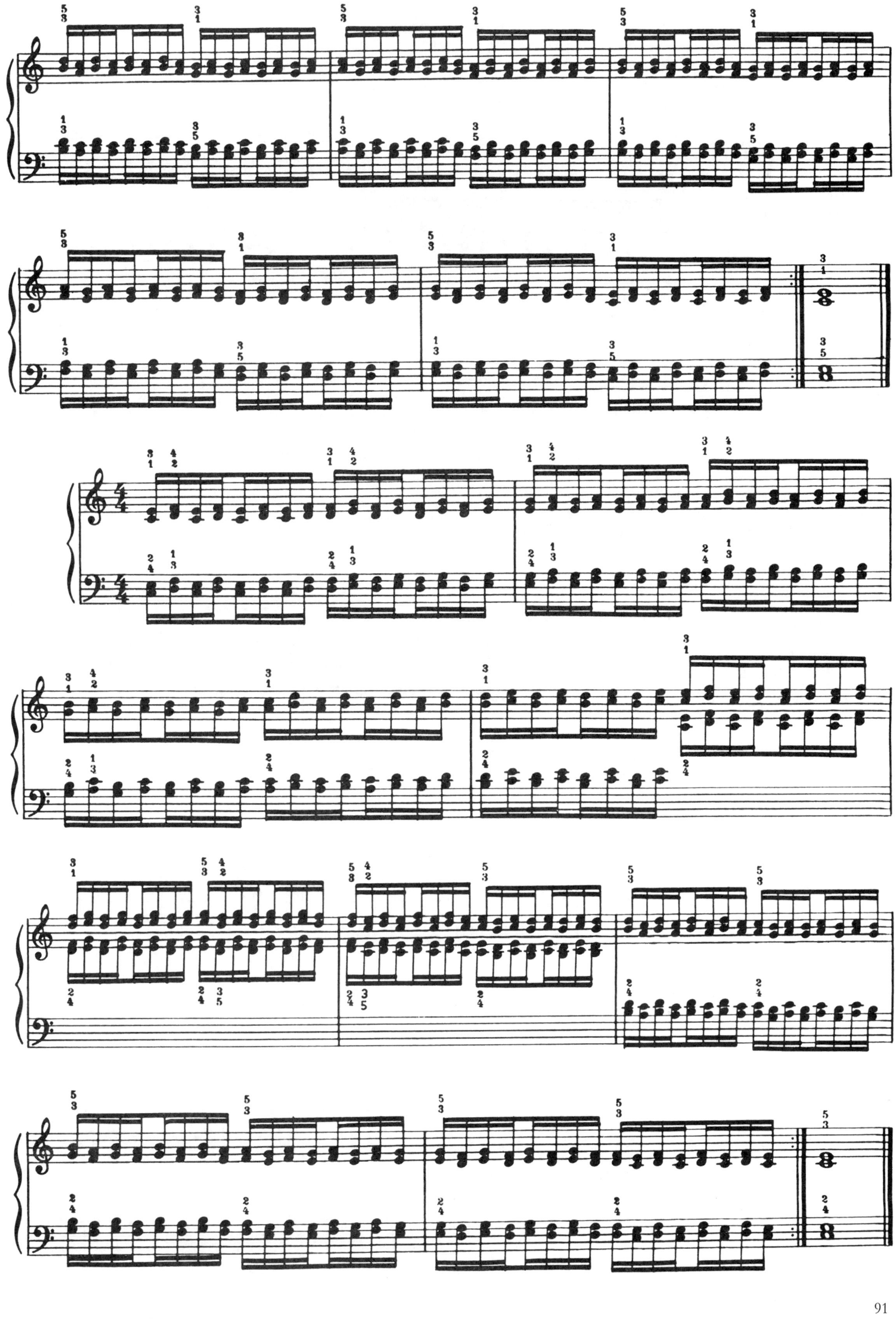

Do trinado triplo

Veja as observações que precedem o n.º 54. Uniformidade e clareza na execução.

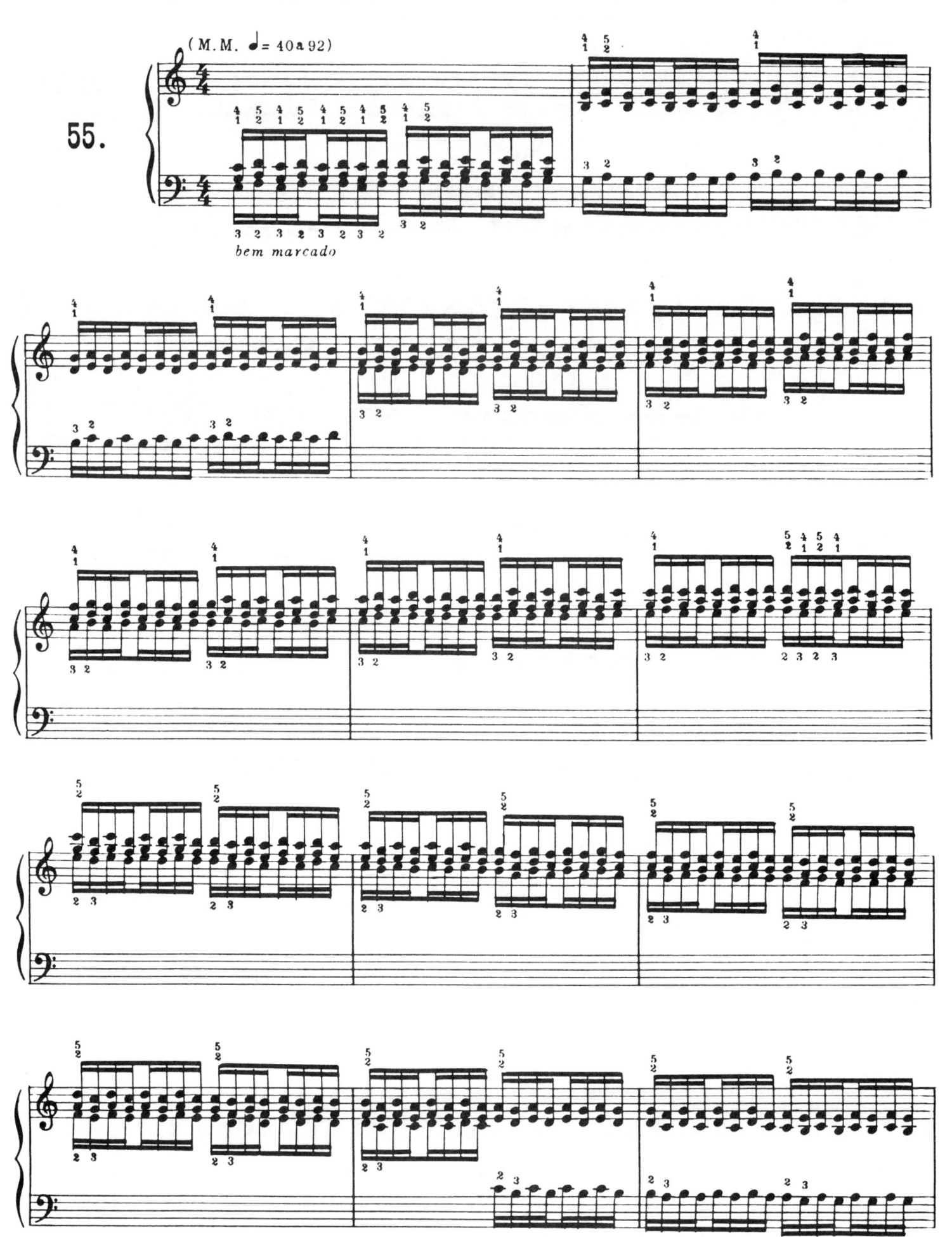

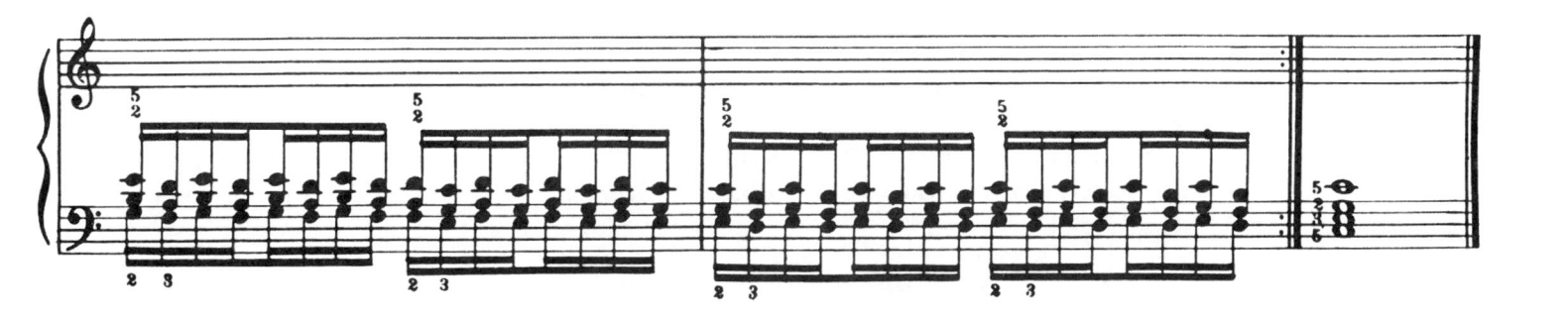

Dedilhado especial para o trinado quádruplo

legato

Outro dedilhado

Escalas em oitavas arpejadas nos 24 tons

Serão executadas seguidas sem interrupção.
Este exercício é de grande importância para preparar os pulsos no estudo do TREMOLO.

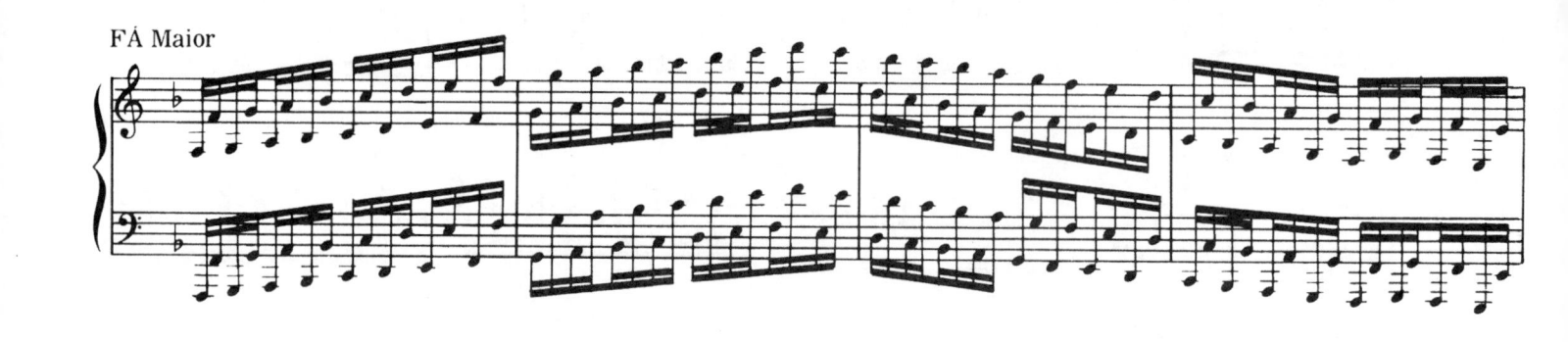

56

DÓ Maior
M.M. ♩ = 60 a 120

LÁ menor

FÁ Maior

RÉ menor

(I) *Em todo este exercício as teclas pretas são tocadas com o 4.º dedo de cada mão.*

SI♭ Maior

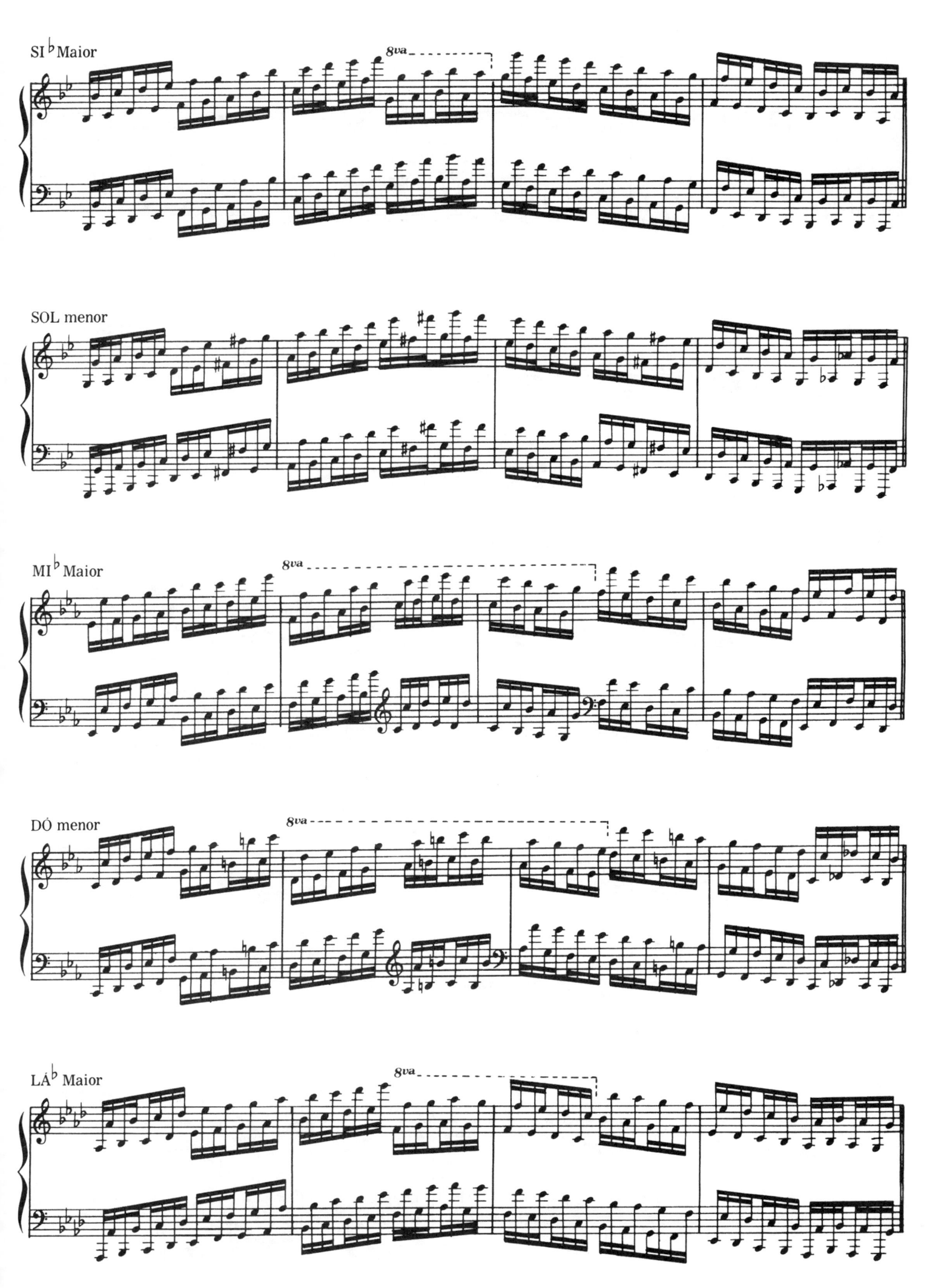

SOL menor

MI♭ Maior

DÓ menor

LÁ♭ Maior

FÁ menor

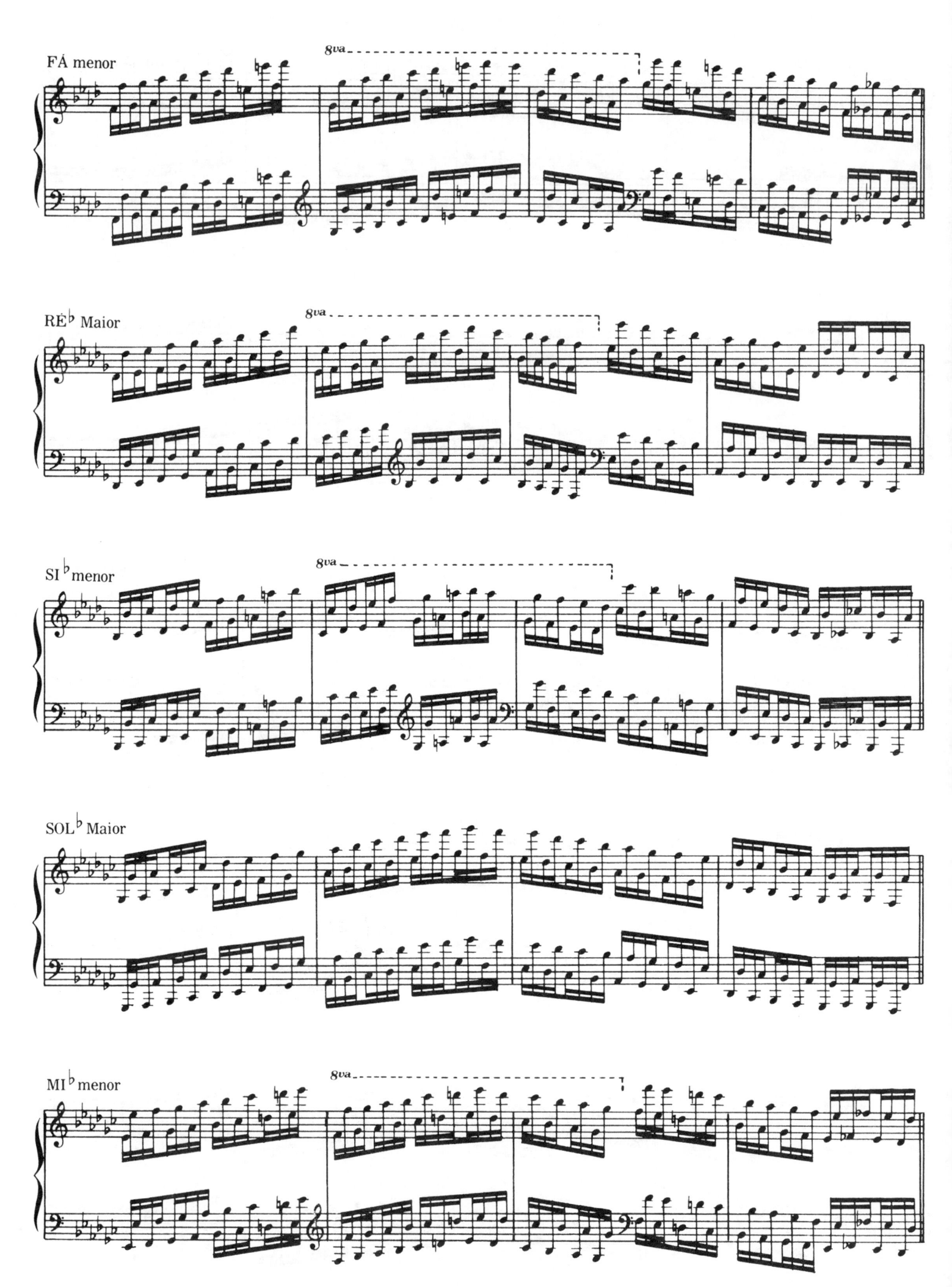

RÉ♭ Maior

SI♭ menor

SOL♭ Maior

MI♭ menor

SI Maior

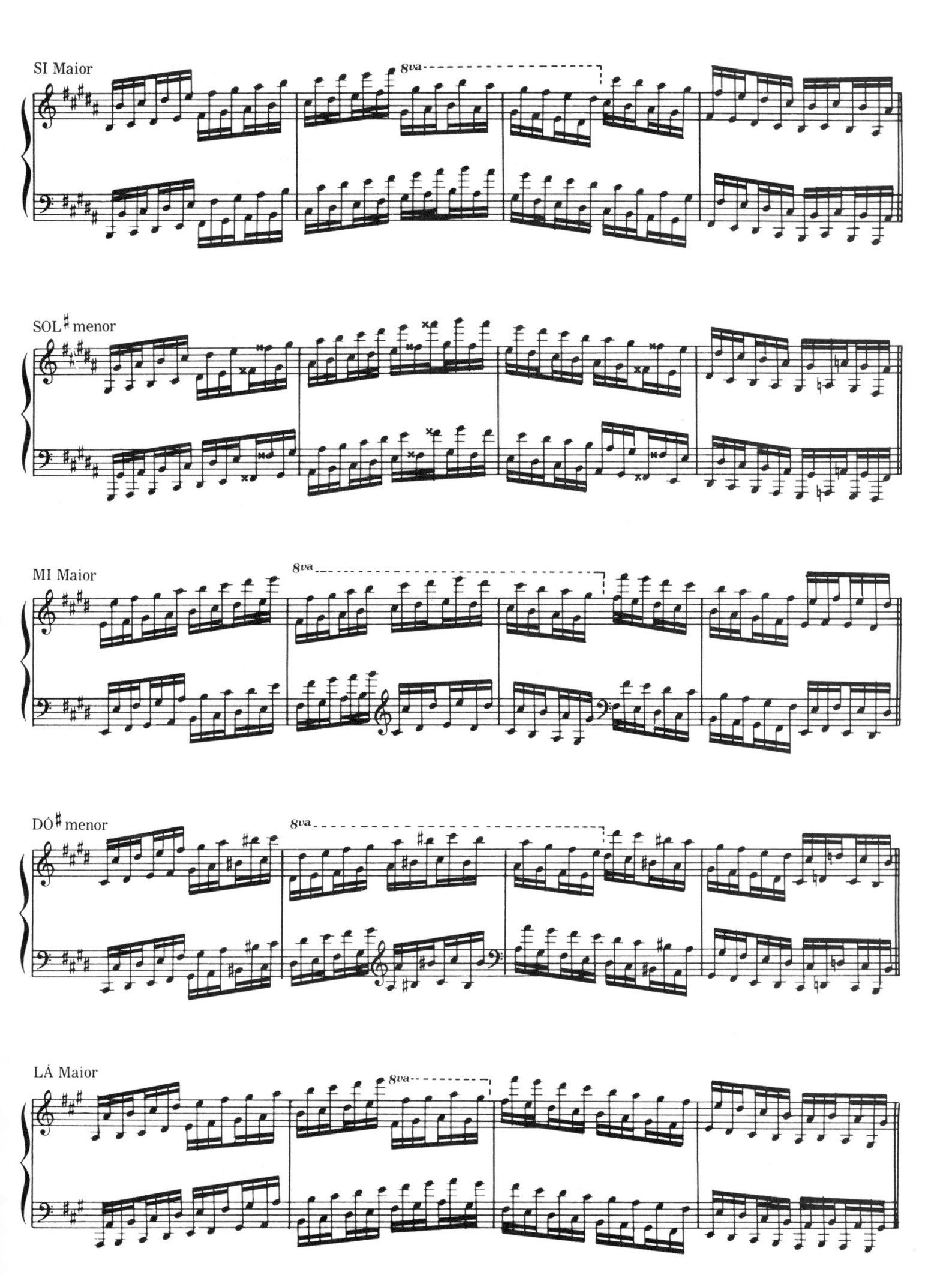

SOL# menor

MI Maior

DÓ# menor

LÁ Maior

FÁ# menor

RÉ Maior

SI menor

SOL Maior

MI menor

Arpejos em oitavas nos 24 tons

Começa-se a estudar o primeiro arpejo em DÓ e não se passa ao seguinte que é LÁ menor, enquanto não tenha conseguido tocar o primeiro com segurança e nitidez, cuidando constantemente da articulação dos pulsos.

Serão estudados assim os 24 arpejos, executando todos depois sem interrupção.

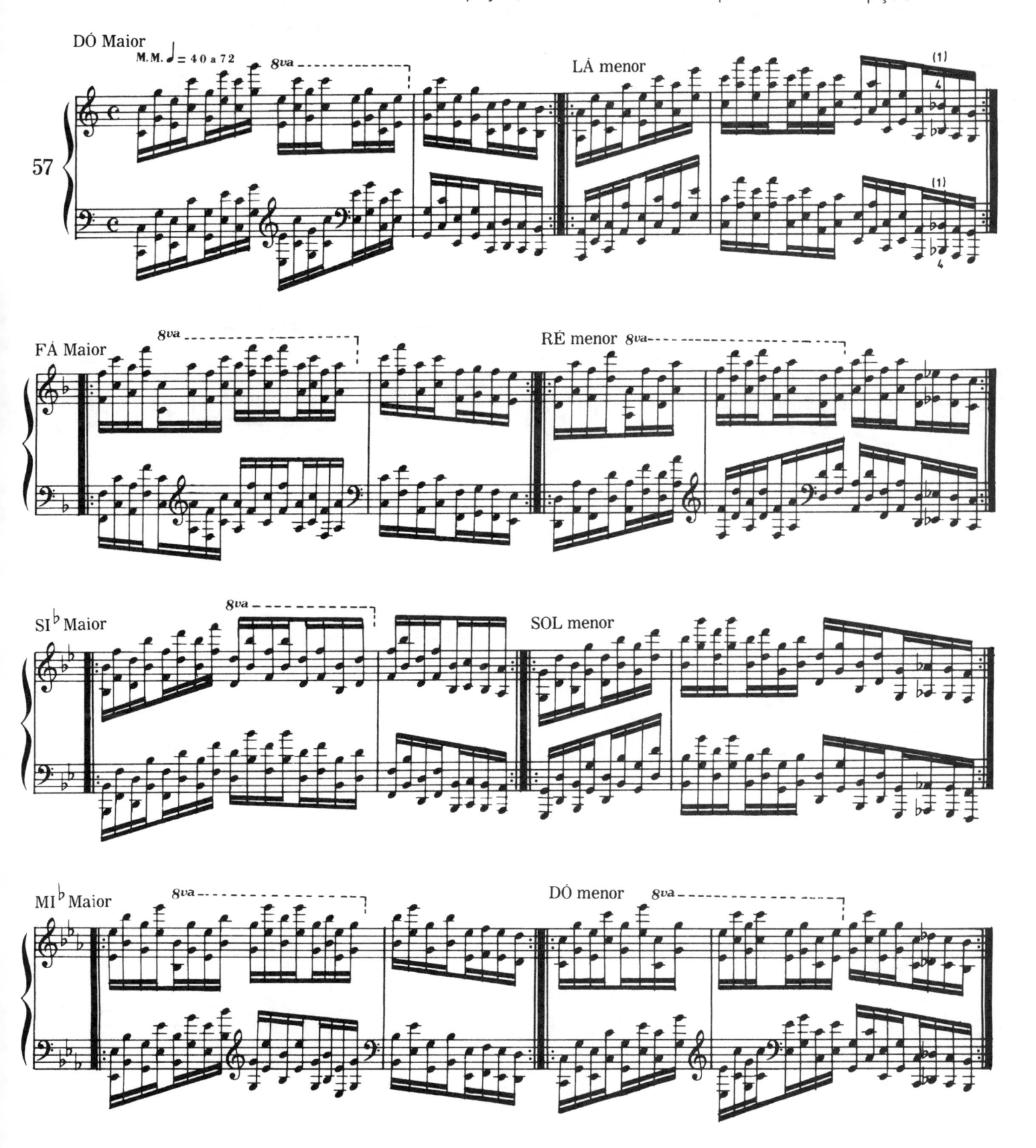

(I) Em todo este exercício as teclas pretas são tocadas com o 4º dedo de cada mão.

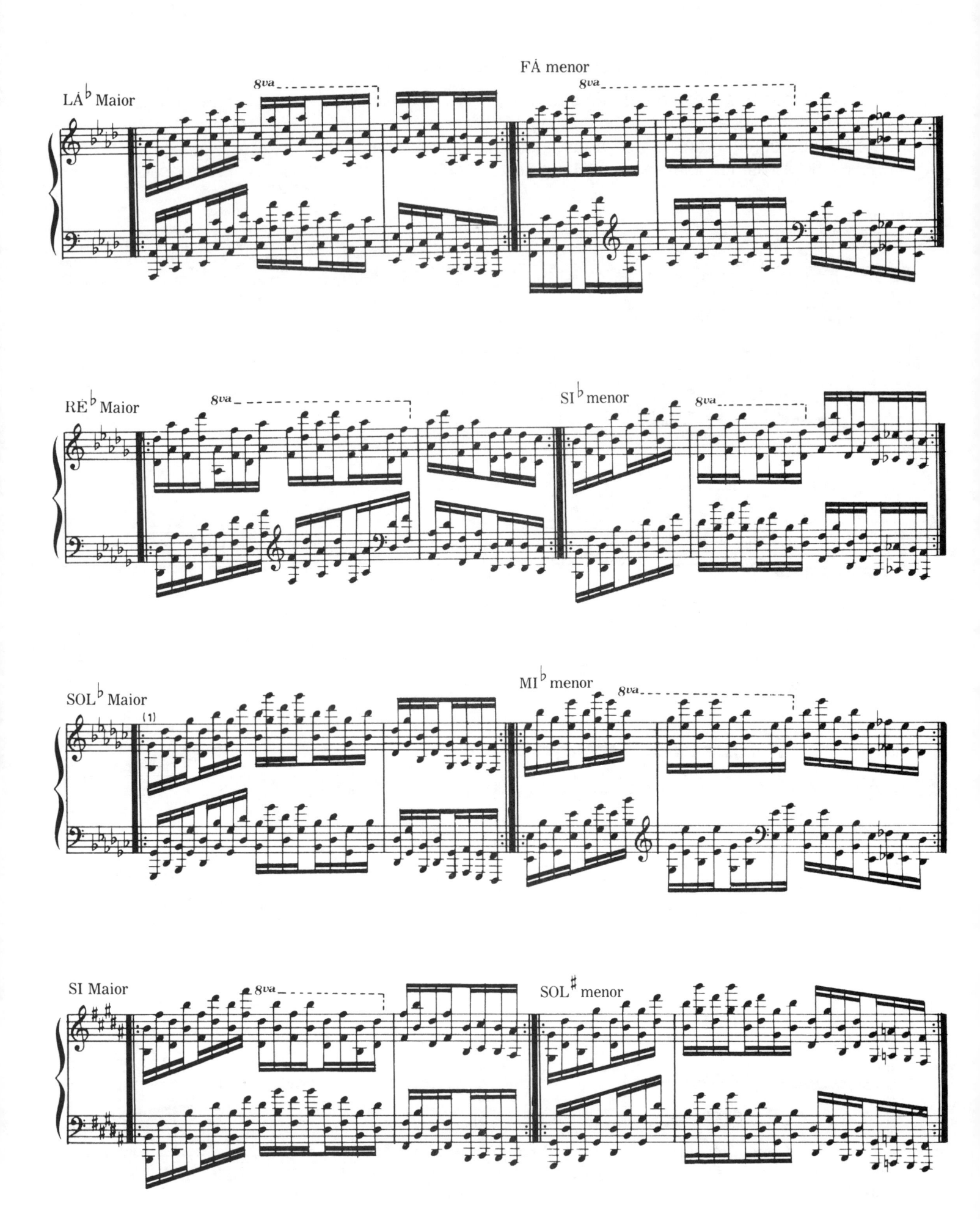

(1) Neste arpejo e o que segue em MIb menor, que é todo formado de teclas pretas, é indiferente que estas sejam tocadas com o 4.º ou com o 5.º dedo.

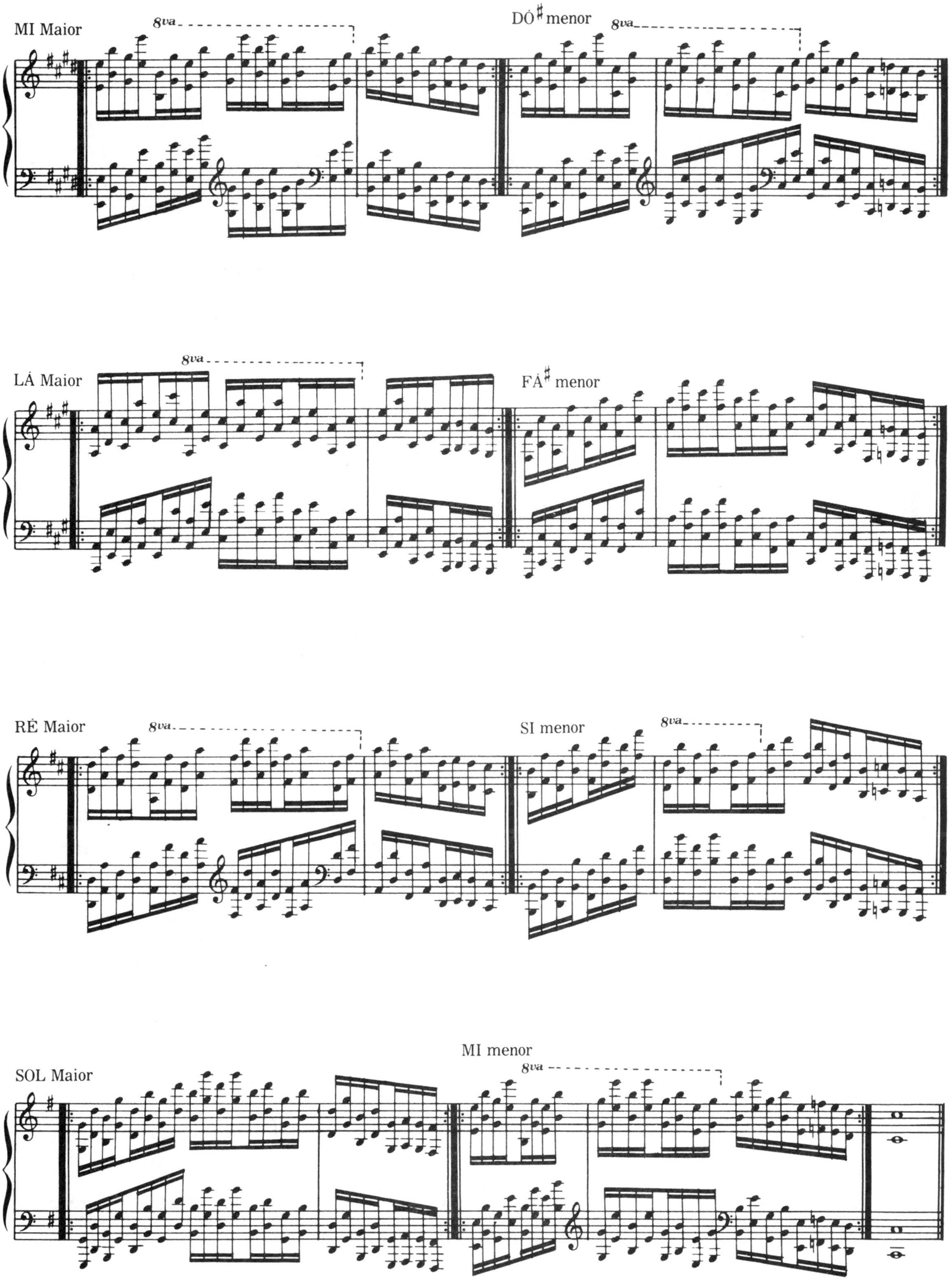
MI Maior
8va
DÓ♯ menor
8va
LÁ Maior
8va
FÁ♯ menor
RÉ Maior
8va
SI menor
8va
SOL Maior
MI menor
8va

Exercício para aprender a sustentar as oitavas enquanto os dedos intermediários executam um acompanhamento em Staccato.

Executam-se vigorosamente as oitavas sustentanto bem o som e sem articular os pulsos nas notas intermediárias com energia, articulando bem os dedos.

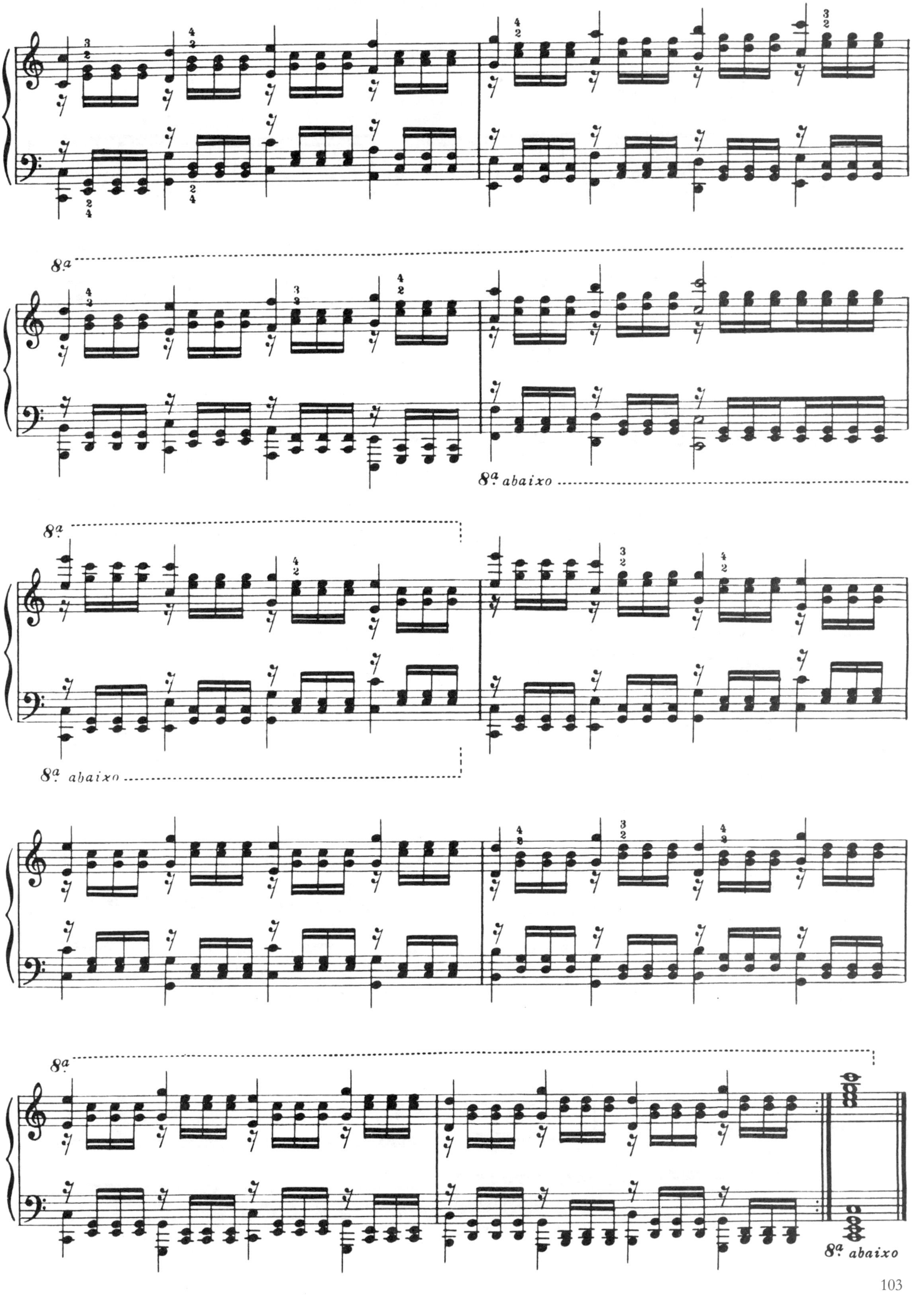
8ª
8ª abaixo
8ª
8ª abaixo
8ª
8ª abaixo

Do trinado quádruplo em sextas

Para extensão do 1.º ao 4.º e do 2.º ao 5.º dedos, em ambas as mãos.

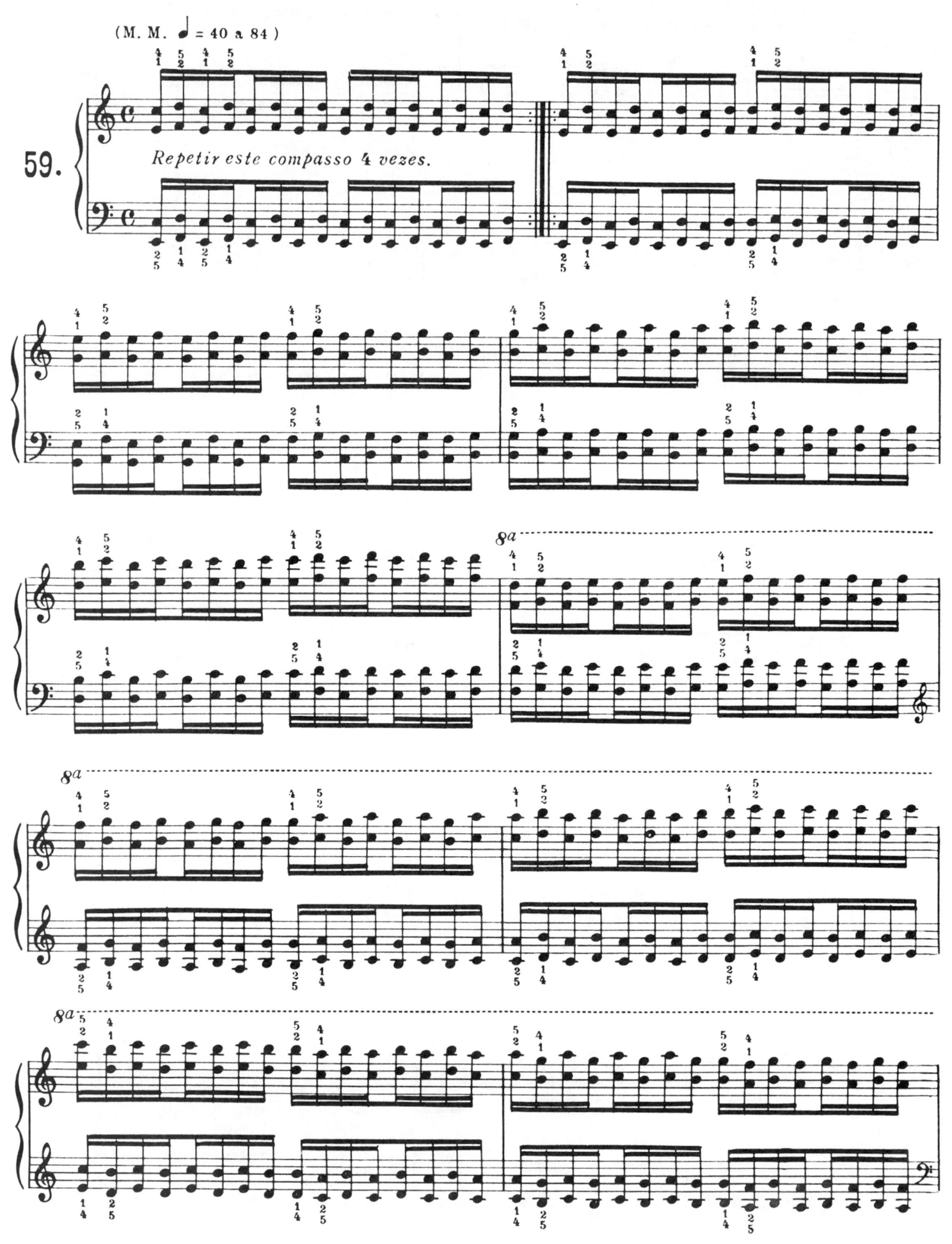

(M.M. ♩ = 40 a 84)

59. *Repetir este compasso 4 vezes.*

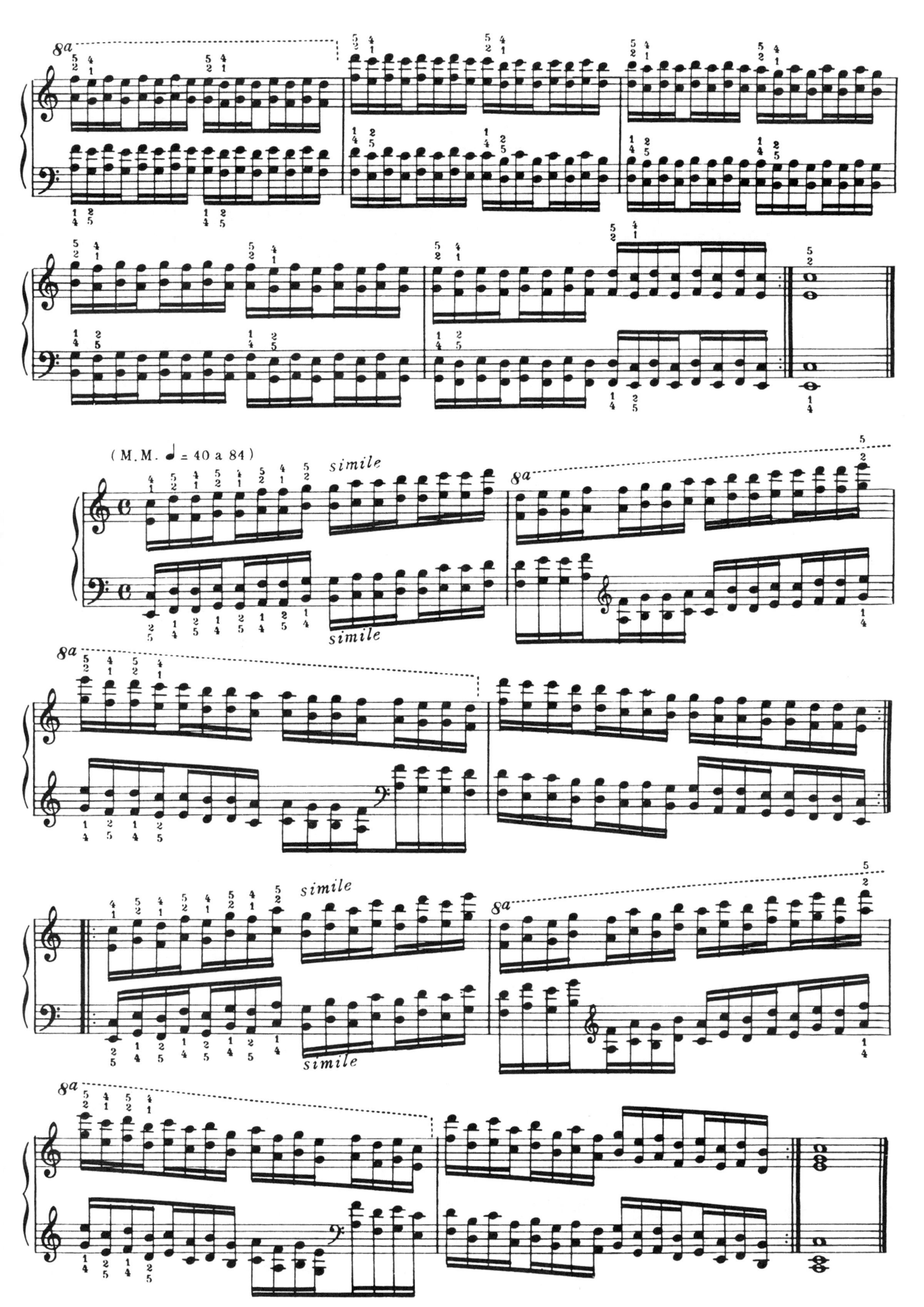
8a
(M. M. ♩ = 40 a 84)
simile
8a
simile
8a
simile
8a
simile
8a

Do Tremolo

Para que o Tremolo possa ser considerado perfeito, é necessário que tenha a igualdade e a doçura do toque dos timbales.

Começa-se a executá-lo mui lentamente: depois se acelera gradualmente até chegar onde está marcado no princípio da peça (M.M. 48 a 72). Por meio da oscilação dos pulsos se aumenta mais a rapidez do movimento até chegar a imitação dos timbales. É um estudo longo e difícil, porém, a grandeza do resultado que se consegue será a recompensa da fadiga suportada. STEIBELT fazia estremecer o auditório quando executava o TREMOLO.

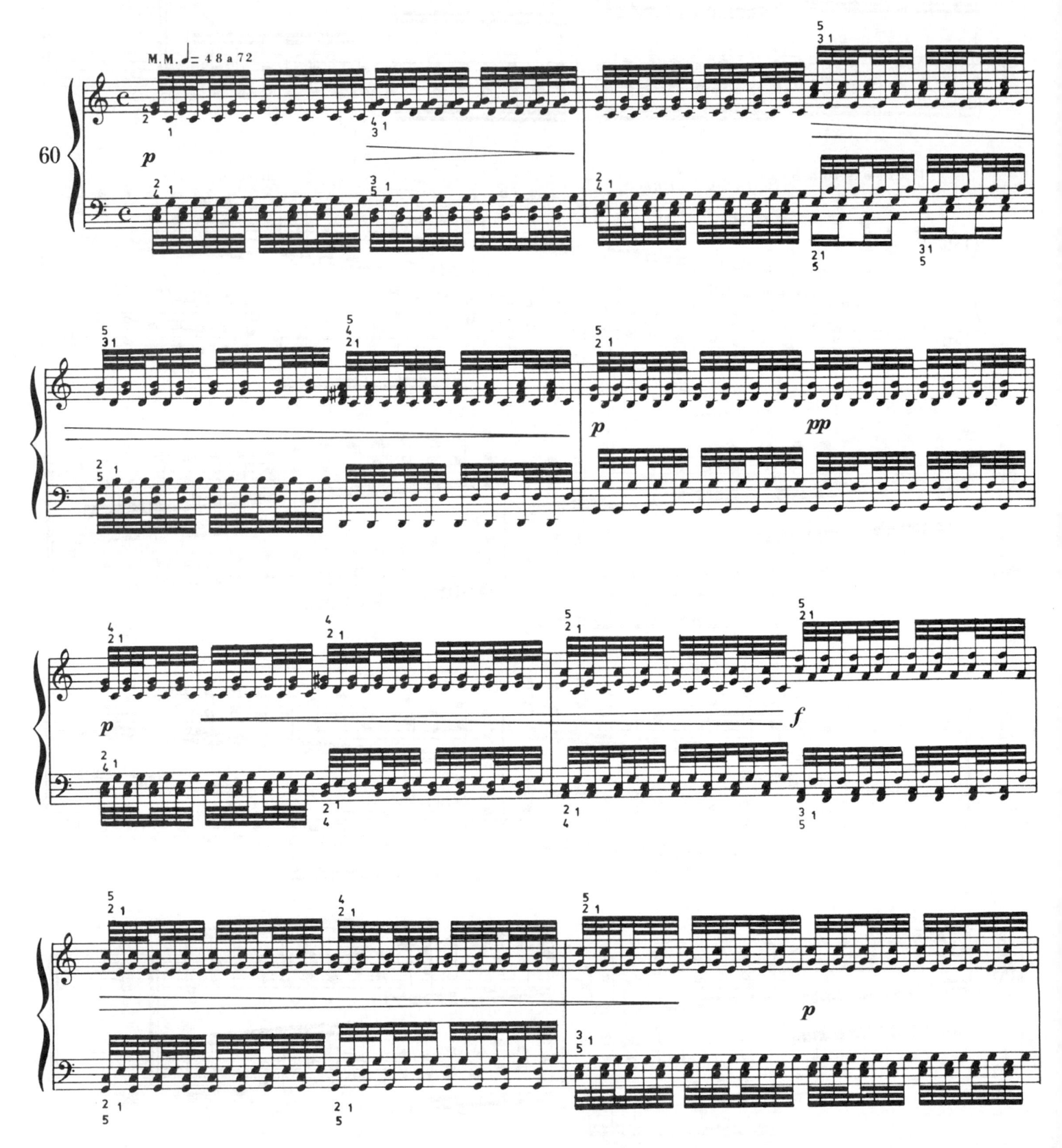

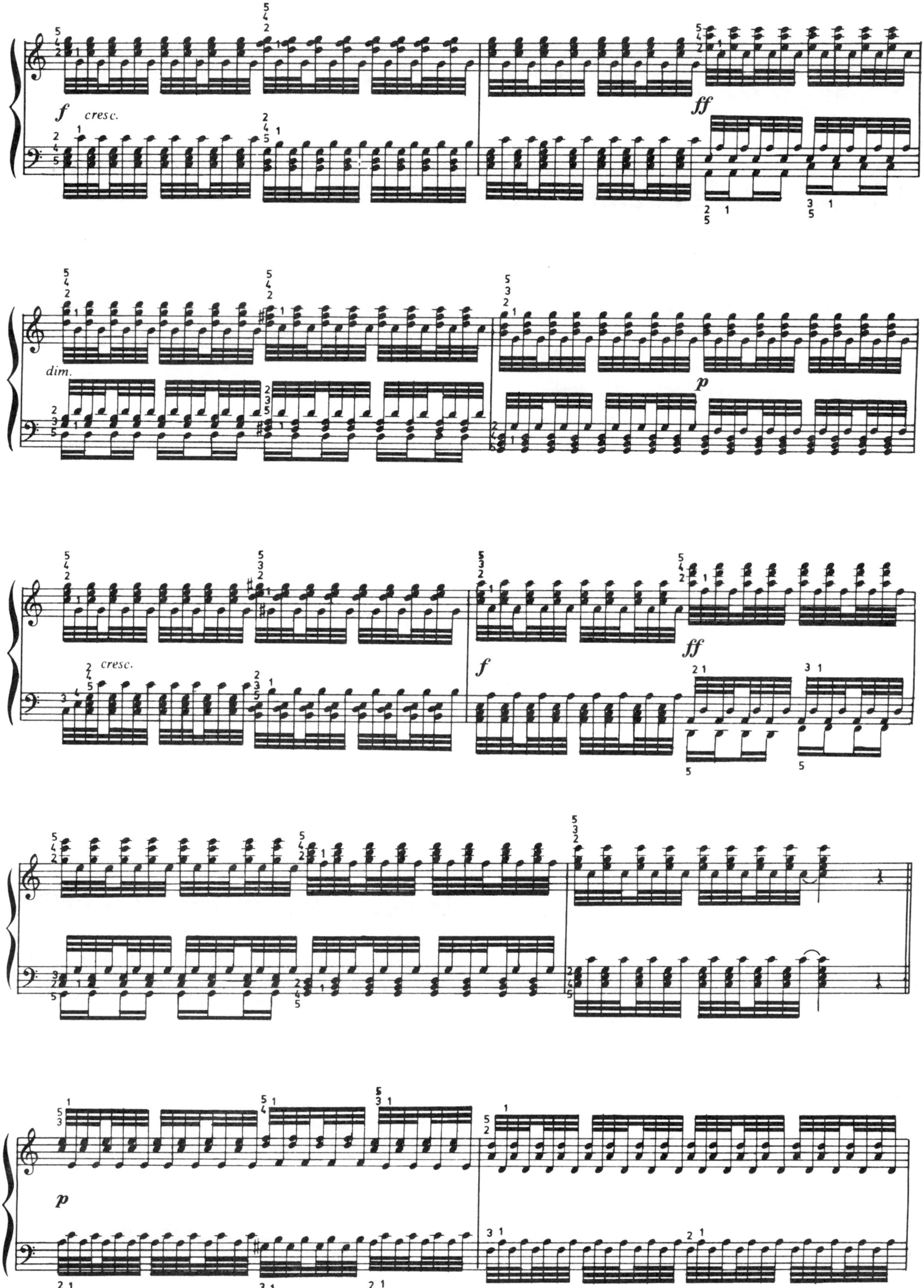
f
cresc.
ff
dim.
p
cresc.
f
ff
p

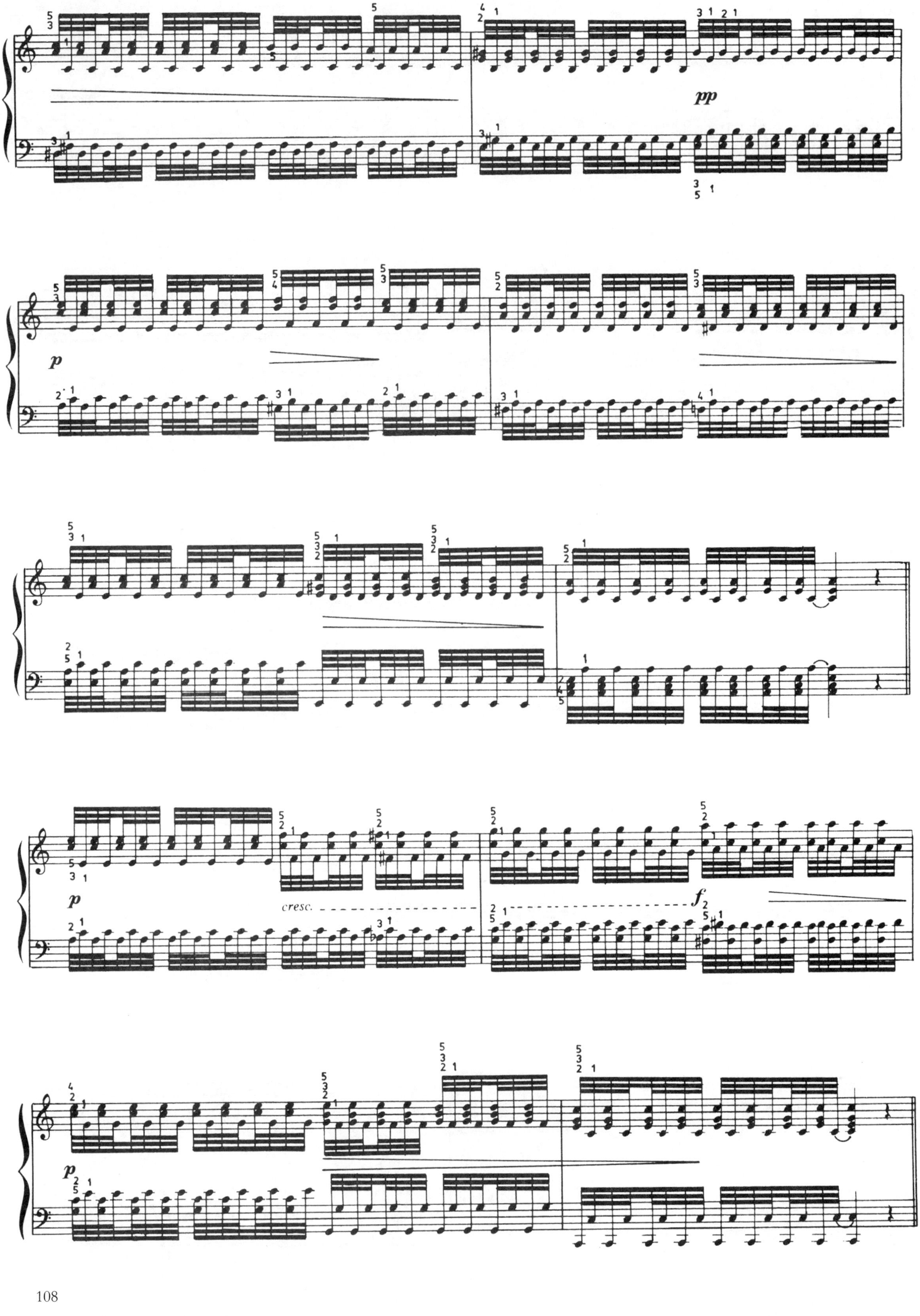
pp
p
cresc.
f
p

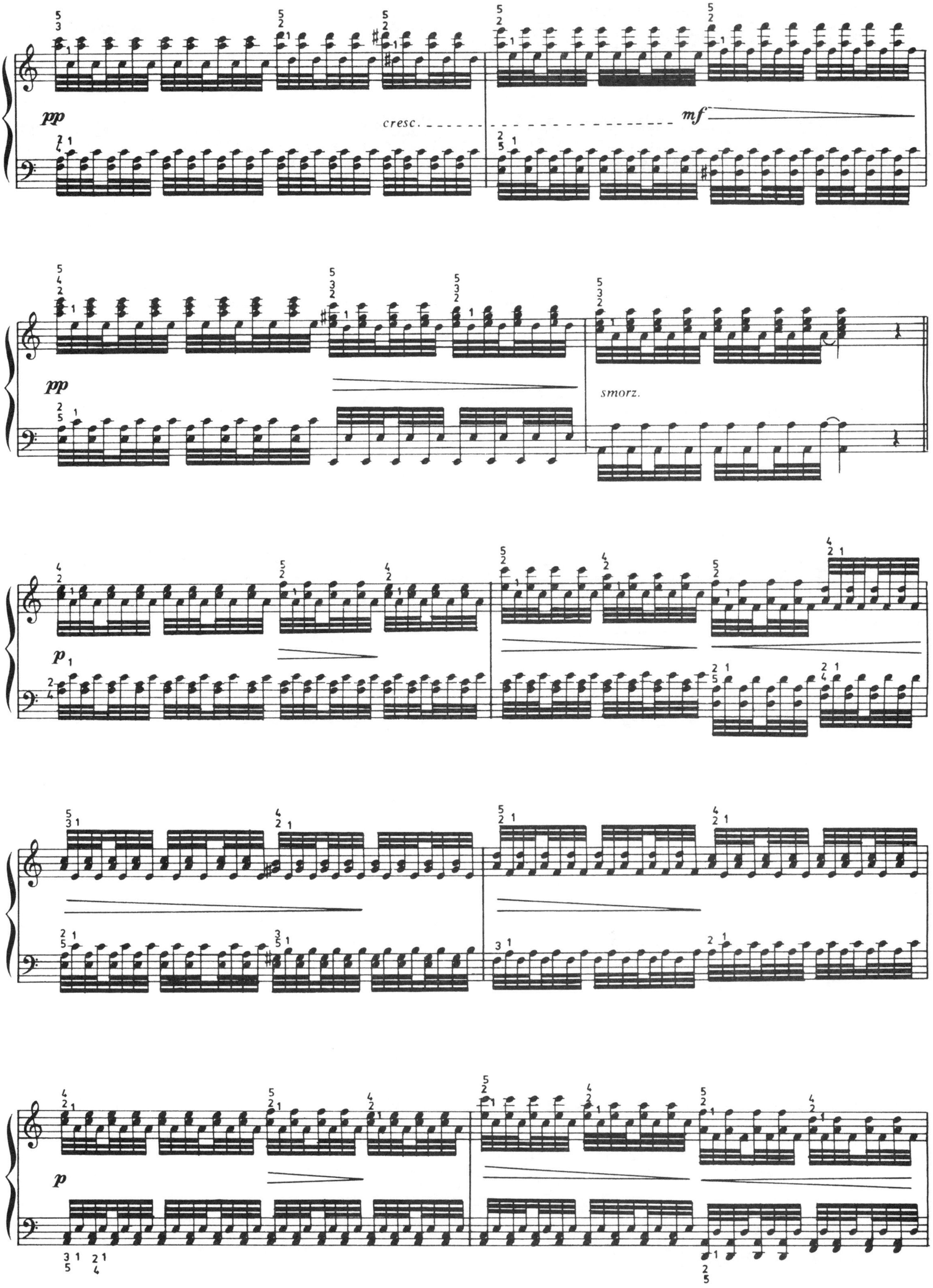
pp
cresc.
mf
pp
smorz.
p
p

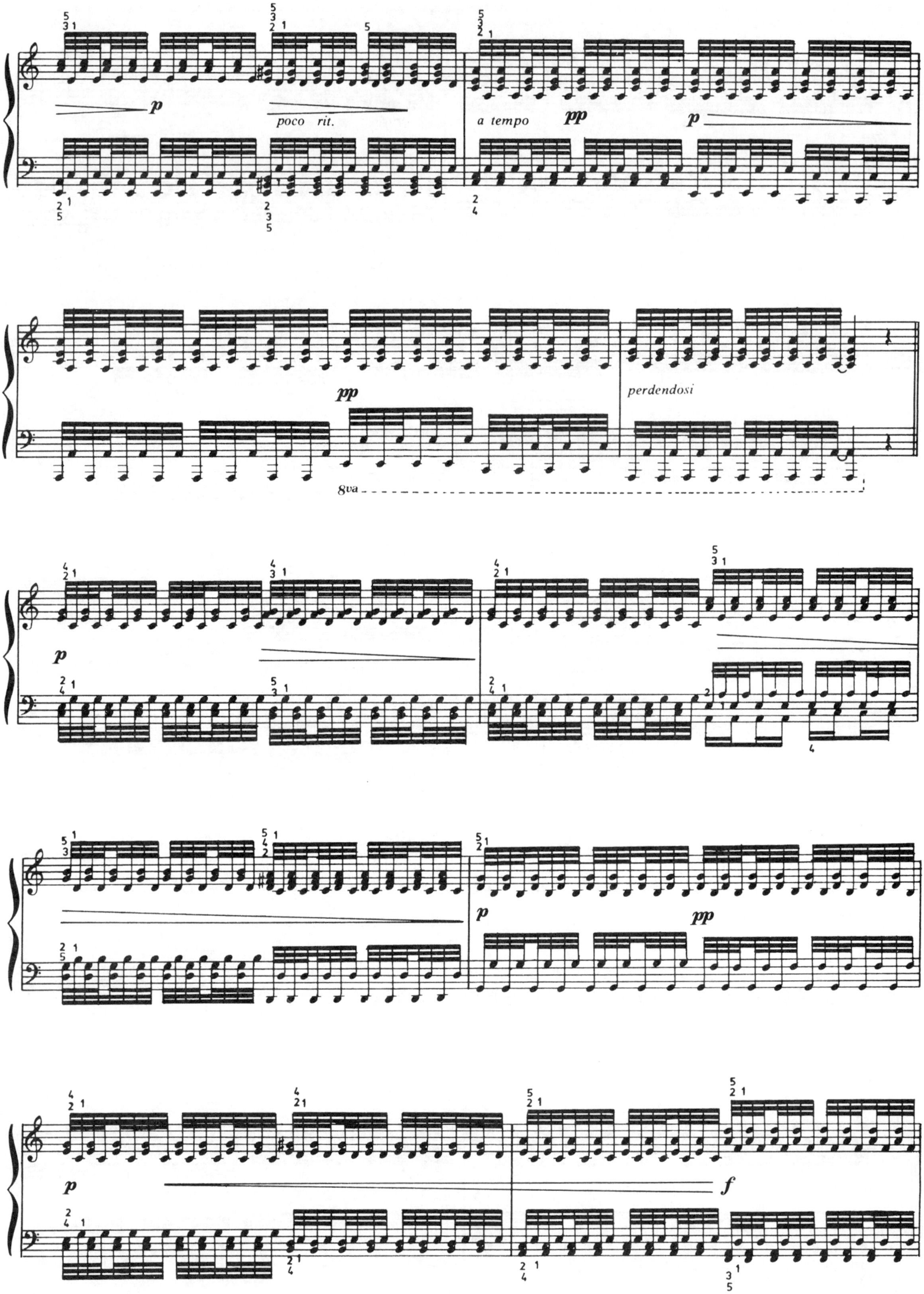
p
poco rit.
a tempo
pp
p
pp
perdendosi
8va
p
p
pp
p
f

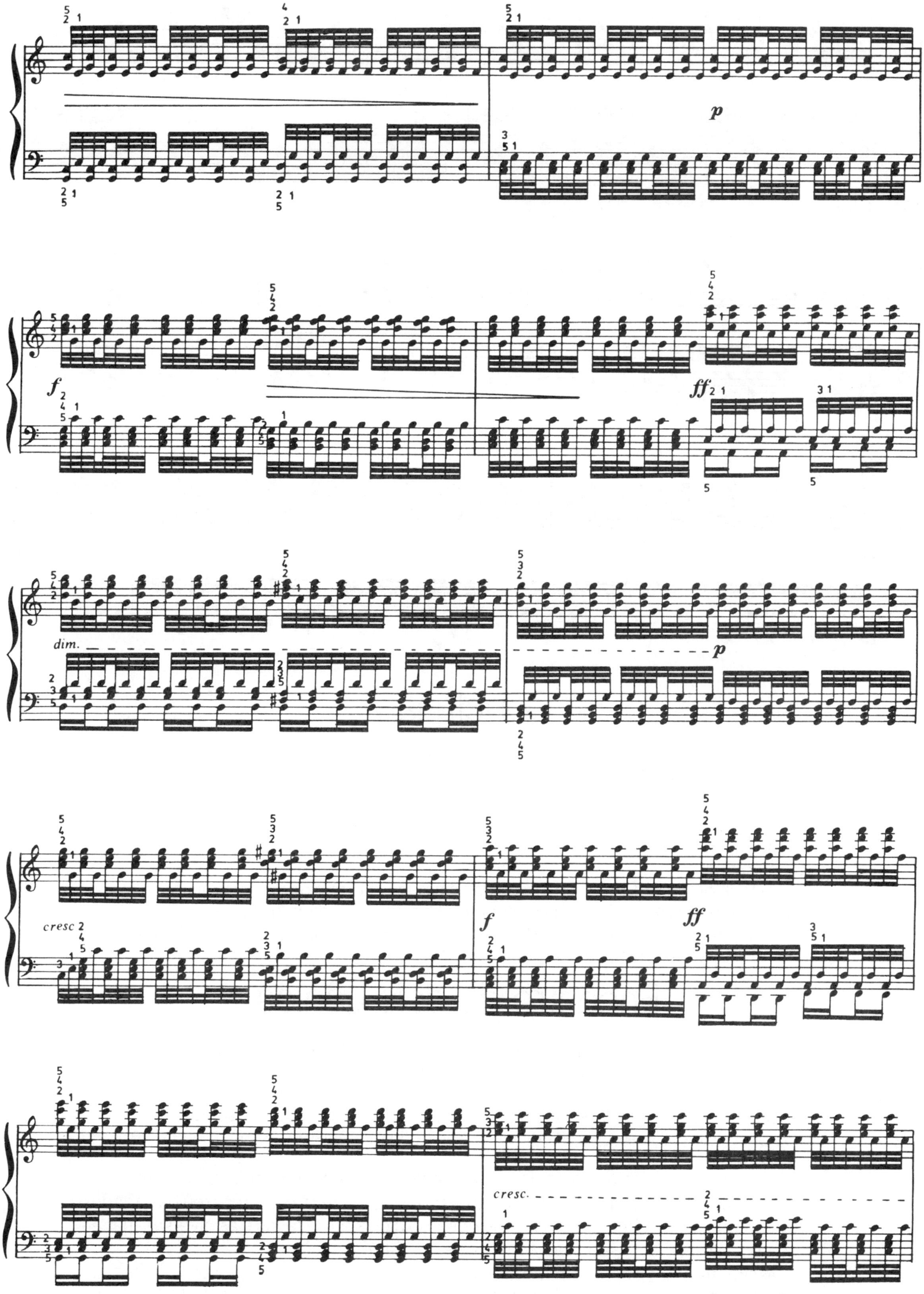
dim.
cresc
cresc.

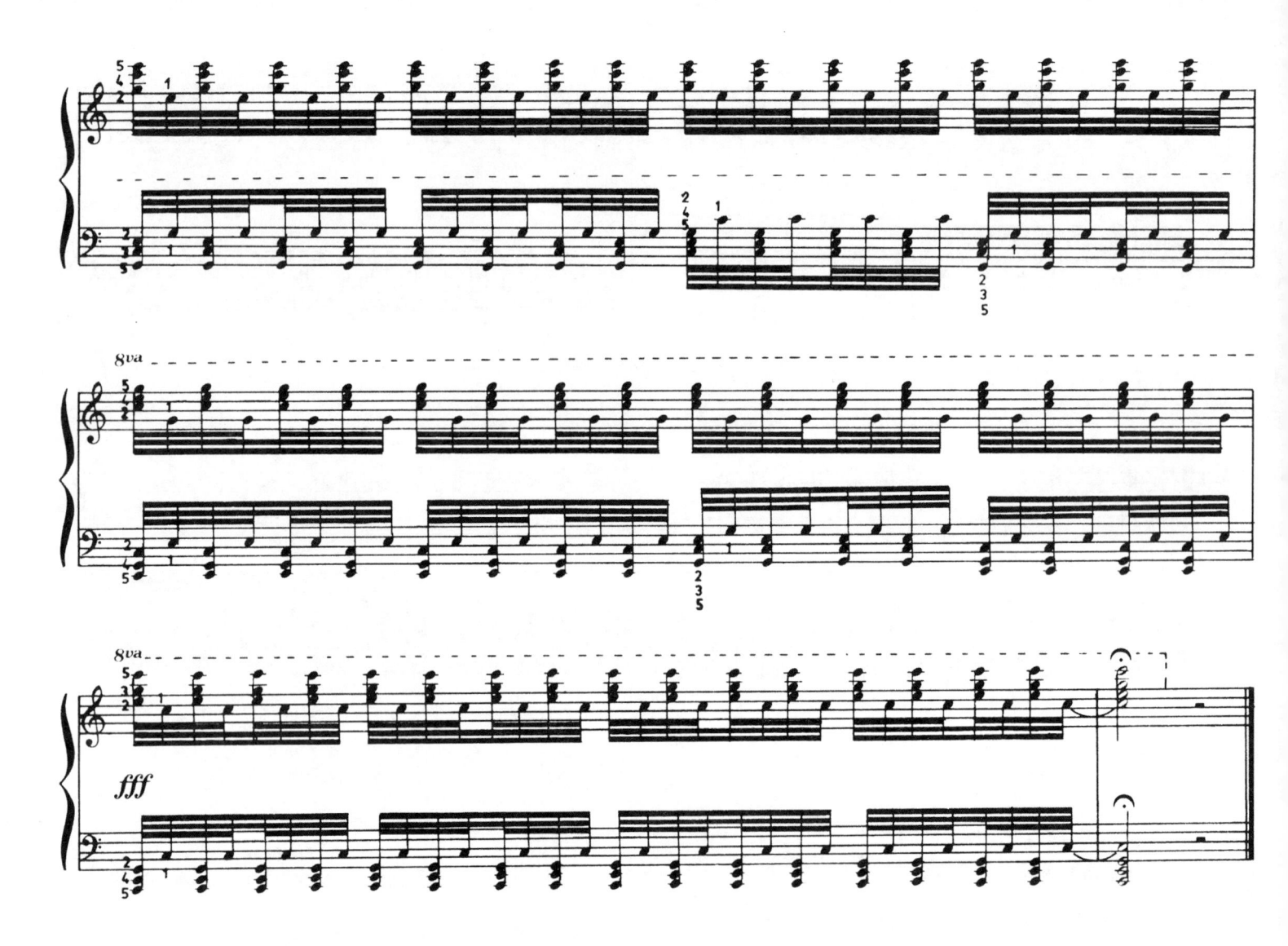

Conclusão

Agora que o discípulo, já estudou todo este volume, conhece todas as dificuldades do mecanismo, porém, se quer colher todo o fruto do seu trabalho e chegar a ser um verdadeiro VIRTUOSO, será necessário que durante algum tempo insista em executar diariamente todo este livro. Para isto não precisa mais que uma hora, de modo que resulta num trabalho muito pequeno, especialmente se o compararmos com as imensas vantagens que serão obtidas.

Os melhores artistas se vêm obrigados a estudar exercícios durante muitas horas todos os dias, nada mais que para conservar a habilidade que chegaram.

Não seremos culpados, pois, de exagero, se pedirmos que para ser um VIRTUOSO, não deixe passar um dia sem executar toda esta obra.

Encontro de dois gênios

Após a maravilhosa Técnica Pianística de HANON, deparamos agora com os primorosos exercícios de HENRY LEMOINE, um dos mais famosos Mestres de Piano da Velha Europa.

Sua técnica se espalhou pelo mundo afora, através dos mais renomados Conservatórios de Música, não só pela eficiência e beleza do mecanismo, como também pelo seu alto poder didático.

A parte em que trata das notas presas, onde cada dedo é articulado independentemente, para que cada um ganhe sua força desejada; a maneira que preparou os variados movimentos das Escalas; a originalidade dos Exercícios em Oitavas e as diversas maneiras de cruzar as mãos, são suas admiráveis características.

Assim, teremos agora, o maravilhoso encontro entre estes dois Grandes Mestres, que entrelaçam suas extraordinárias técnicas para o aprimoramento do estudo do PIANO.

Método de Piano
Henry Lemoine

SEGUNDA PARTE

Exercícios

Para tornar os dedos independentes uns dos outros

Não se deve repetir muitas vezes estes exercícios de uma só vez: basta estudar cada dia um ou dois deles, repetindo cada um oito ou dez vezes.

À proporção que os dedos se familiarizarem com eles, pode-se então tocar toda a série diariamente durante um quarto de hora. É muito bom este estudo para conseguir a independência dos dedos, o que requer muita paciência.

Aconselha-se estudar as duas mãos separadamente.

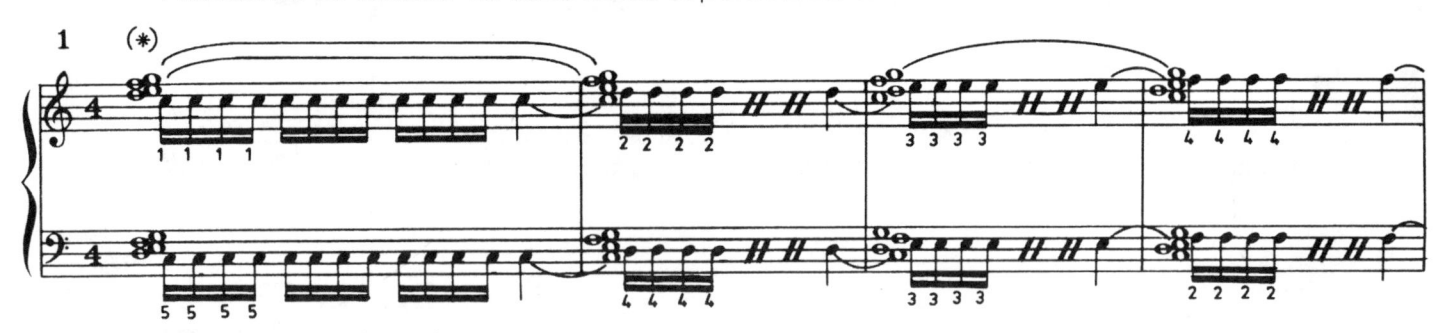

(*) Os dedos colocam-se e conservam-se sobre as semibreves sem lhes prolongar o som.

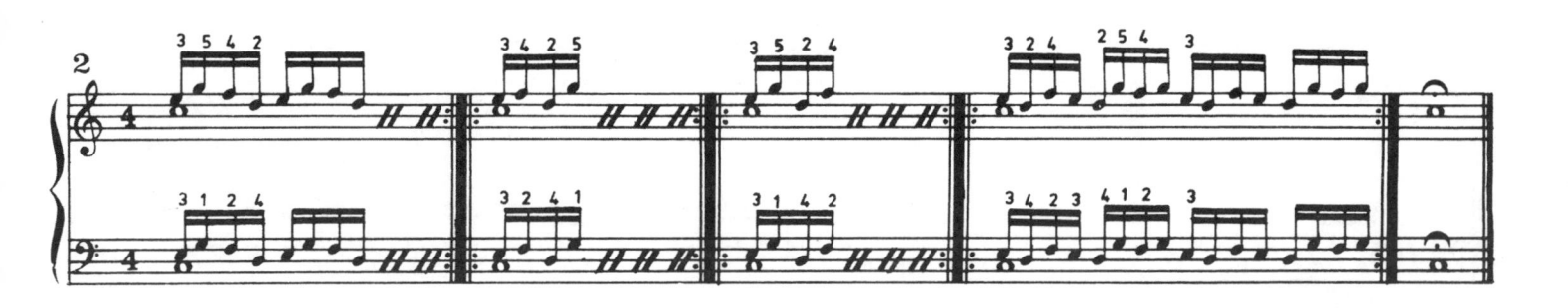

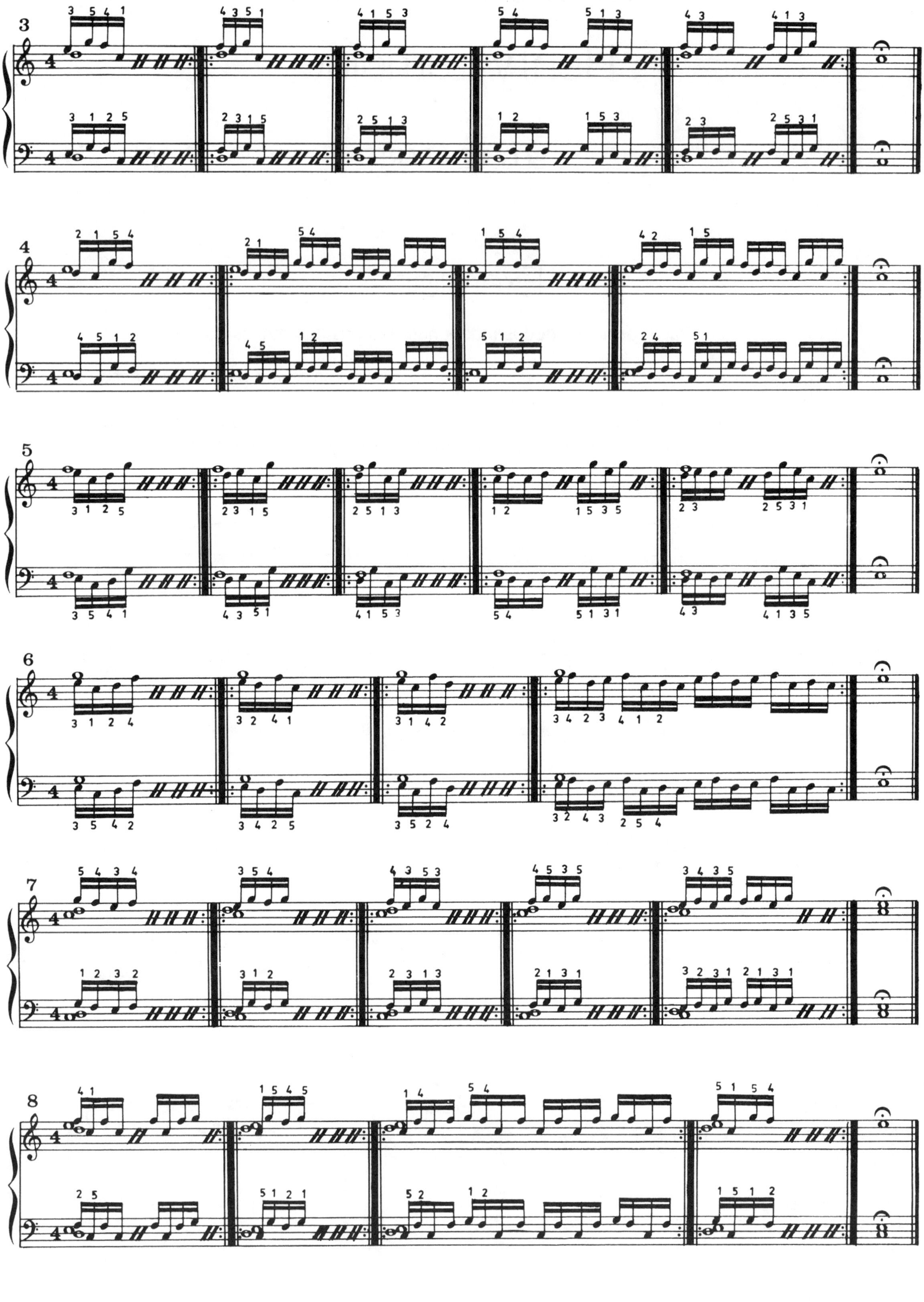

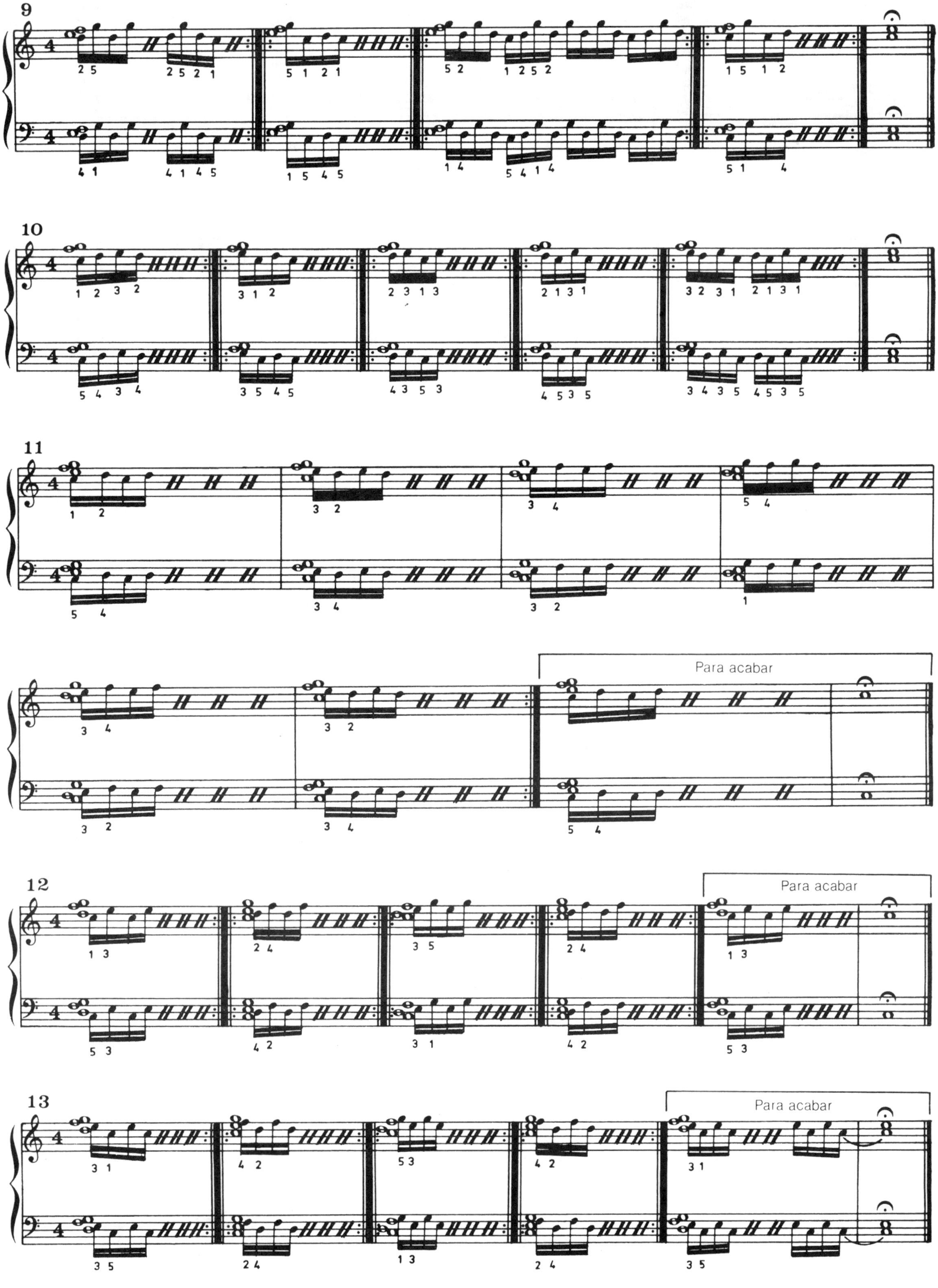
9
10
11
Para acabar
12
Para acabar
13
Para acabar

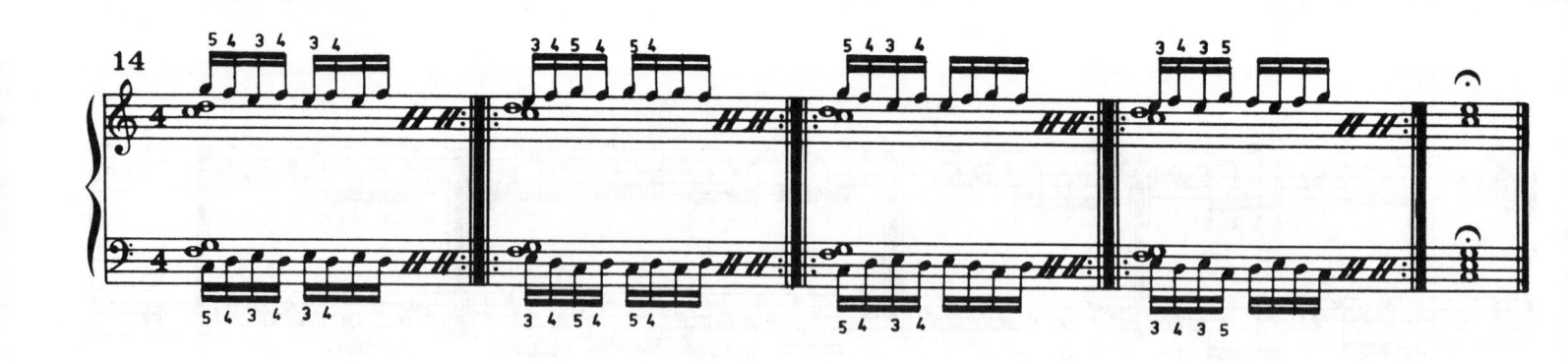

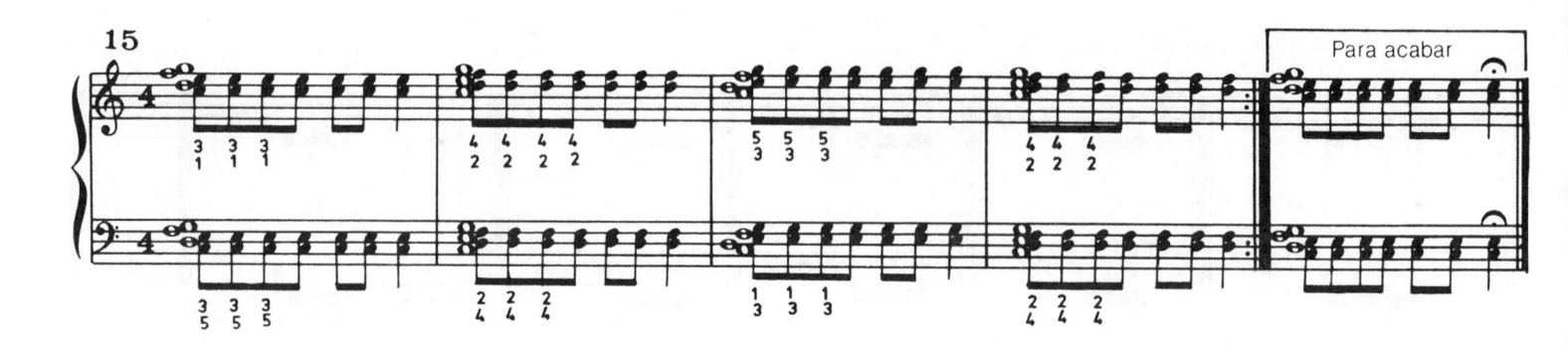

Exercícios

(Preparação dos dedos para as Escalas)

Estes três exercícios muito extensos constituem um bom estudo para preparar os dedos para o exercício das Escalas. Praticam-se estes exercícios muitas vezes até que se consiga tocá-los muito rápidos.

117

3
4 vezes
3 vezes
4 vezes
3 vezes
4 vezes
3 vezes
4 vezes
3 vezes
4 vezes
3 vezes
4 vezes
3 vezes

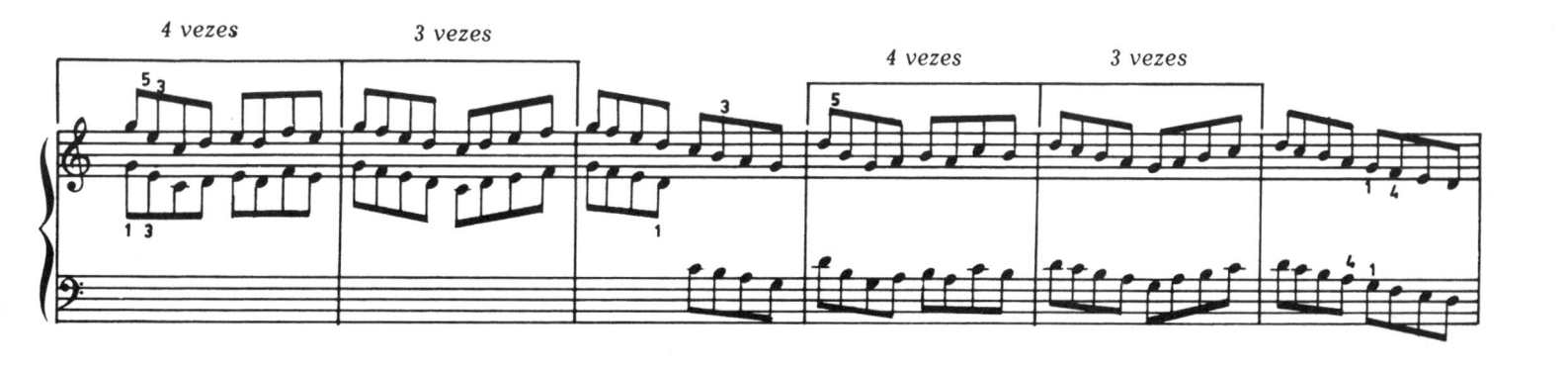

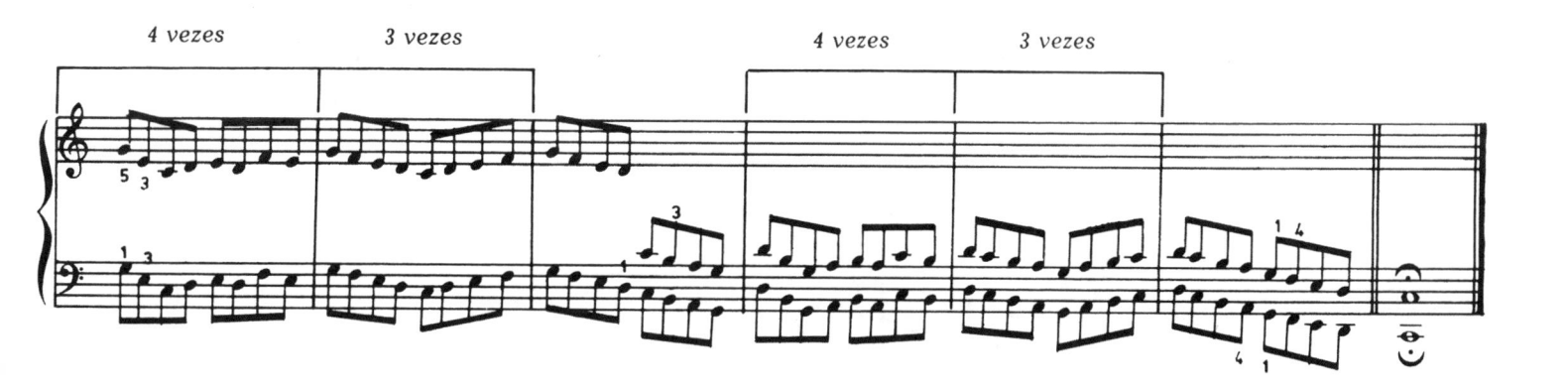

Passagem do Polegar

A execução destes exercícios é indispensável antes do estudo das Escalas e deve-se praticar todos os dias durante algum tempo, porque facilita a passagem do polegar no estudo das Escalas.

Escalas Maiores

Em oitavas percorrendo todo o teclado

DÓ Maior

SOL Maior

RÉ Maior

LÁ Maior

MI Maior

SI Maior

FÁ# Maior

SOL♭ Maior
Enarmônico
de FÁ# Maior

RÉ♭ Maior

LÁ♭ Maior

MI♭ Maior

SI♭ Maior

FÁ Maior

Escalas Menores

Em oitavas percorrendo todo o teclado

LÁ menor

MI menor

SI menor

FÁ# menor

DÓ# menor

SOL# menor

RÉ# menor

MIb menor
Enarmônico
de RÉ# menor

SI♭ menor

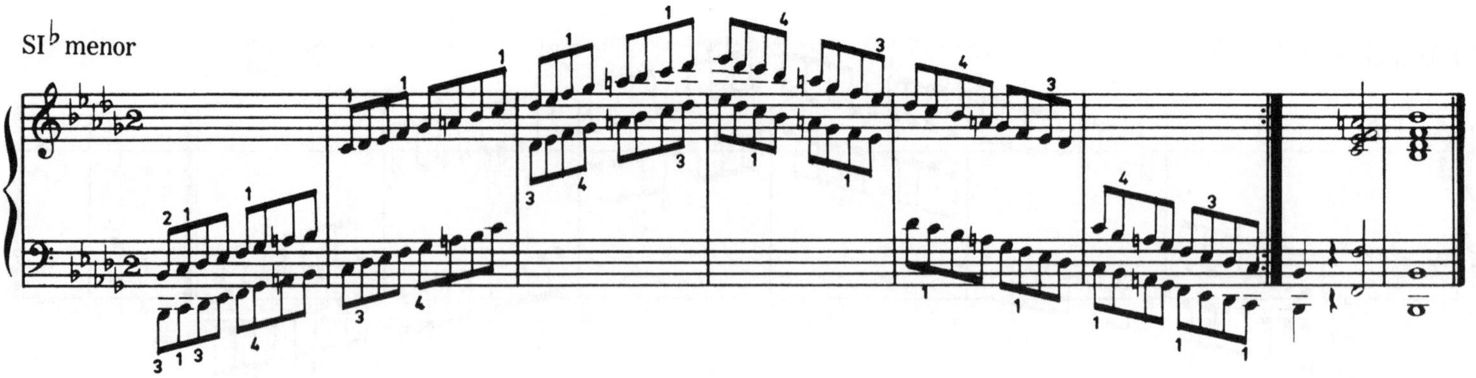

FÁ menor

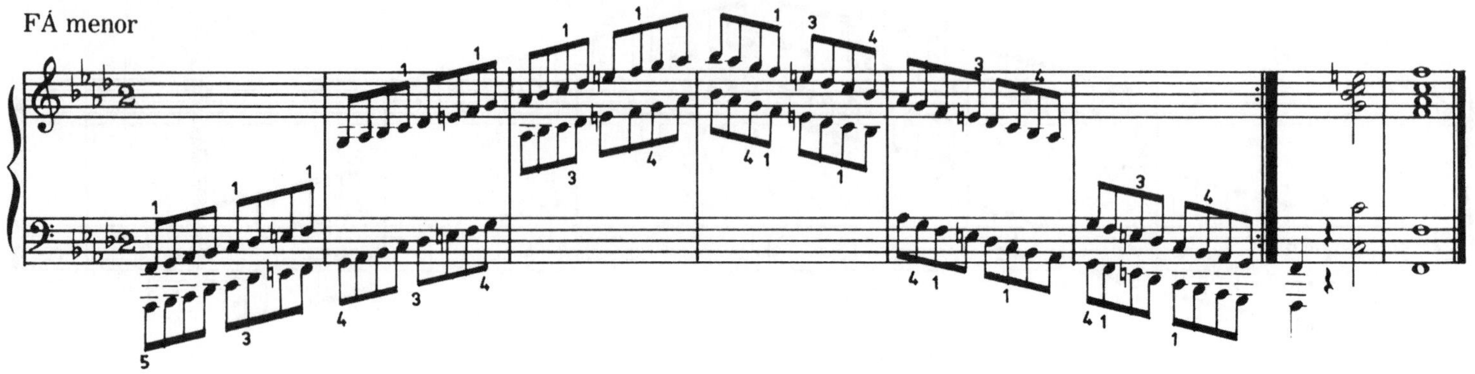

DÓ menor

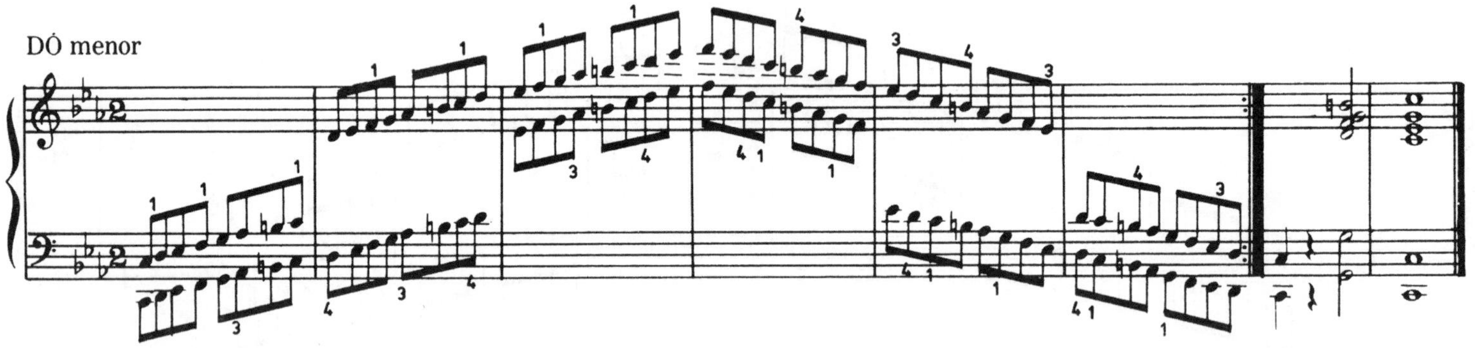

SOL menor

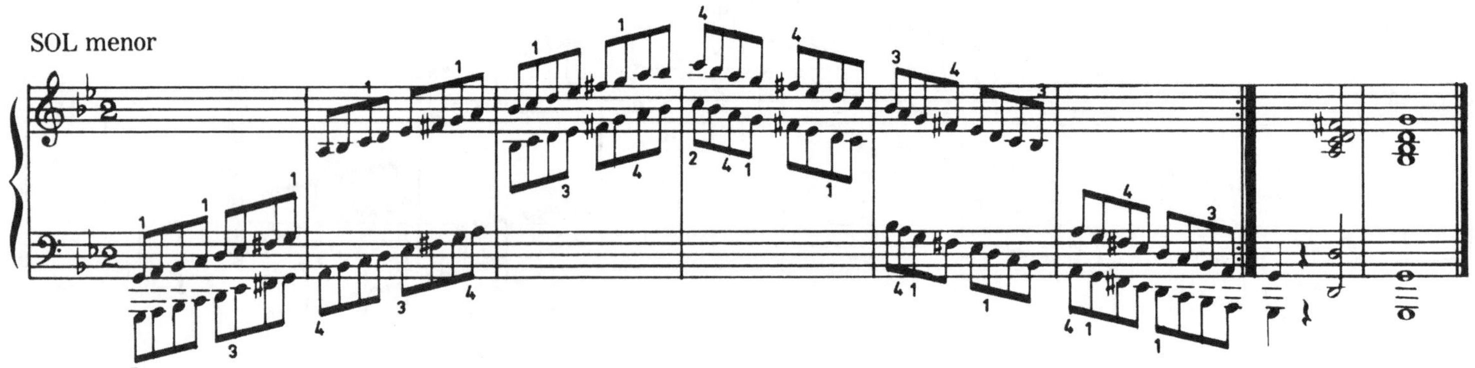

RÉ menor

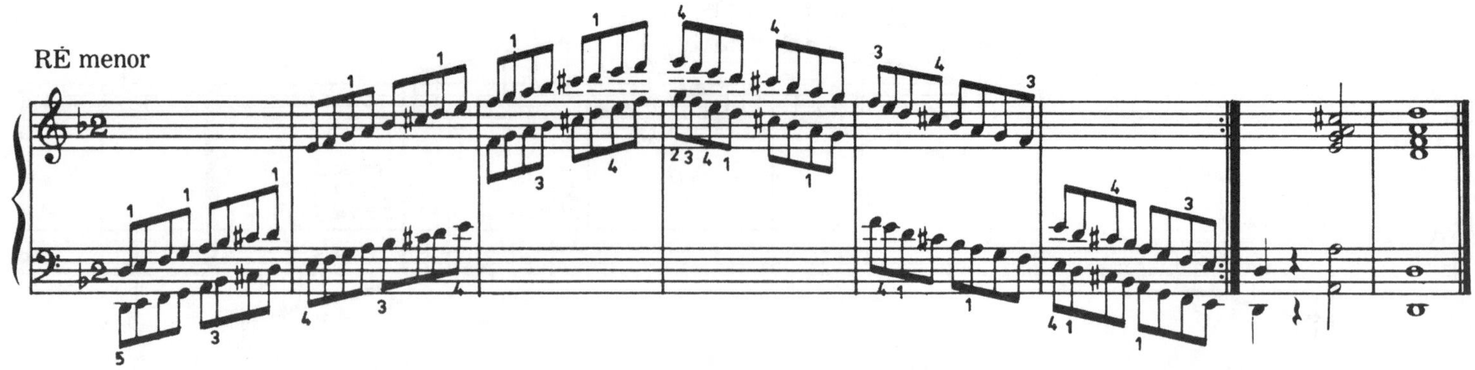

Escalas Maiores

Em Décimas subindo e em Sextas descendo

DÓ Maior

SOL Maior

RÉ Maior

LÁ Maior

MI Maior

SI Maior

FÁ# Maior

RE♭ Maior

LÁ♭ Maior

MI♭ Maior

SI♭ Maior

FÁ Maior

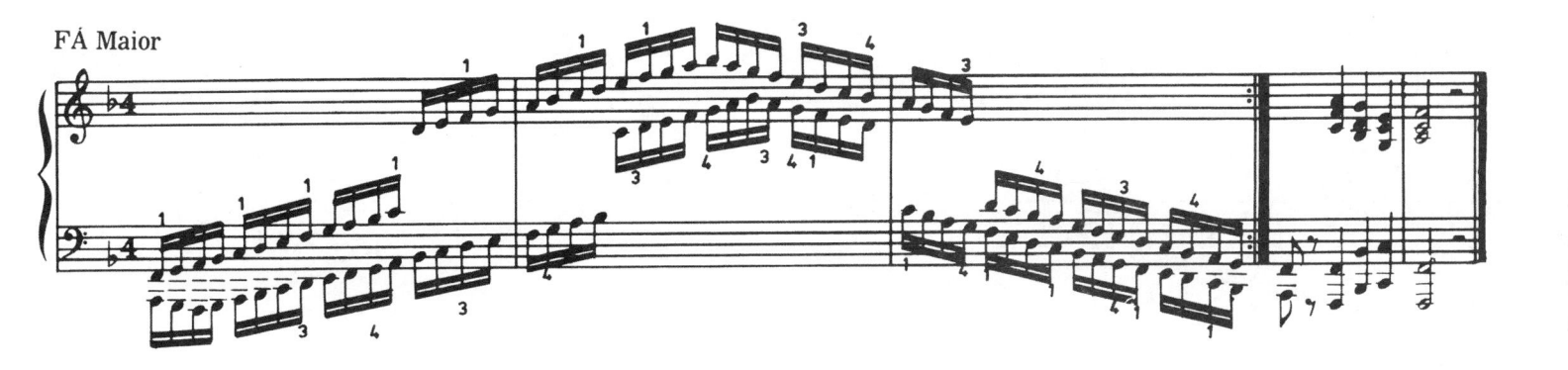

Escalas Menores

Em Décimas subindo e em Sextas descendo

LÁ menor

MI menor

SI menor

FÁ# menor

DÓ# menor

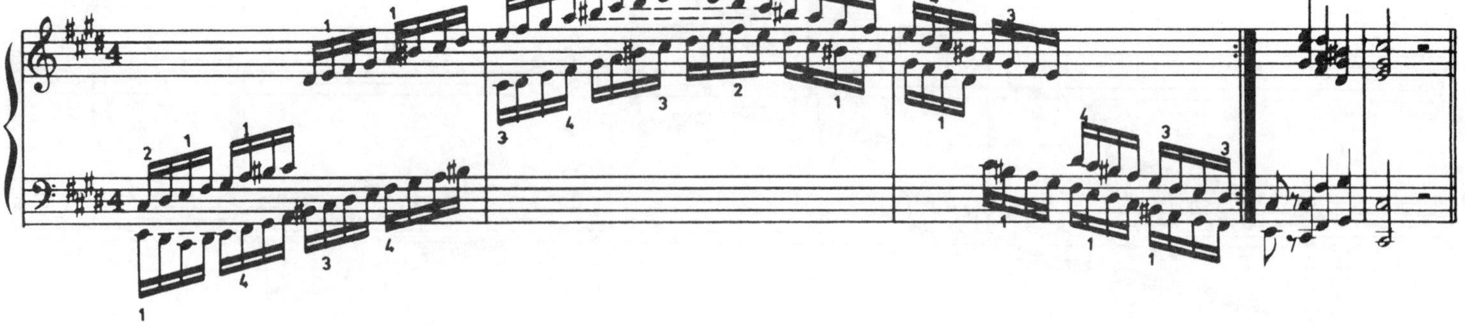

SOL# menor

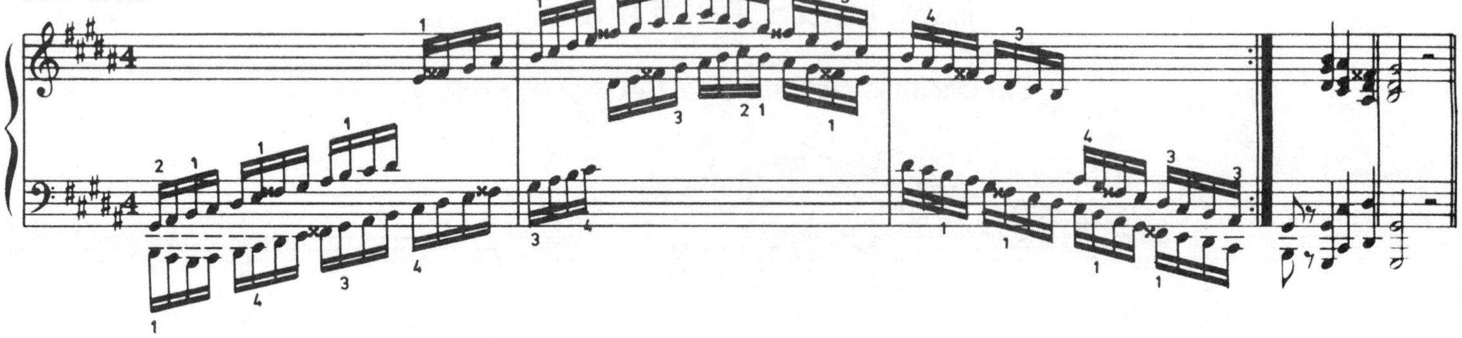

MI♭ menor

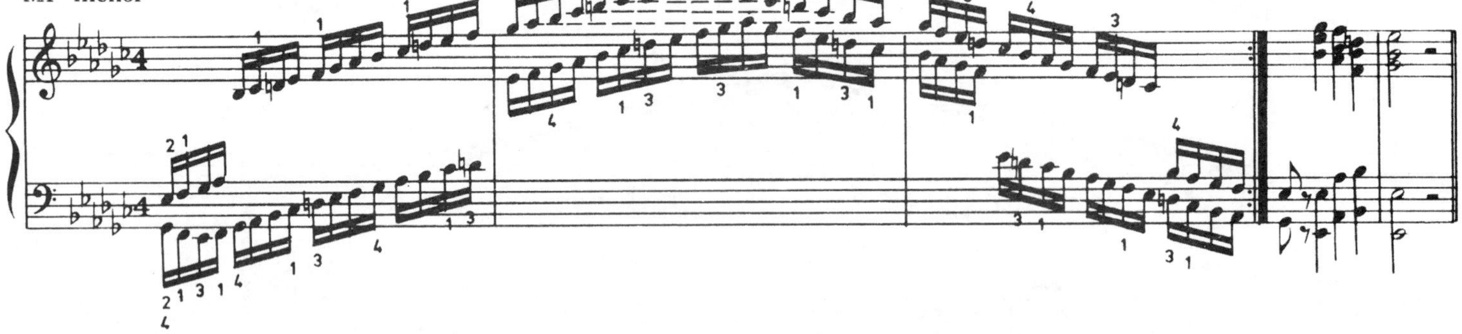

SI♭ menor

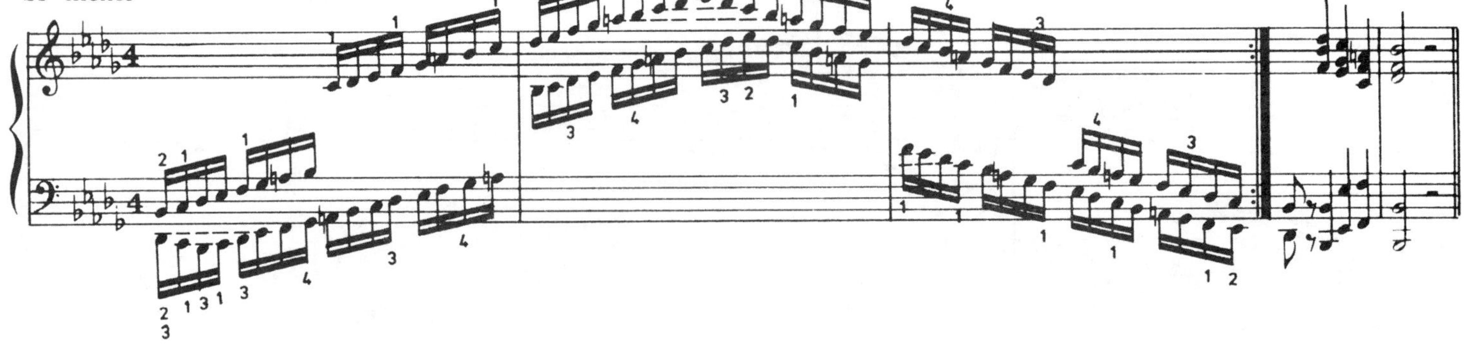

FÁ menor

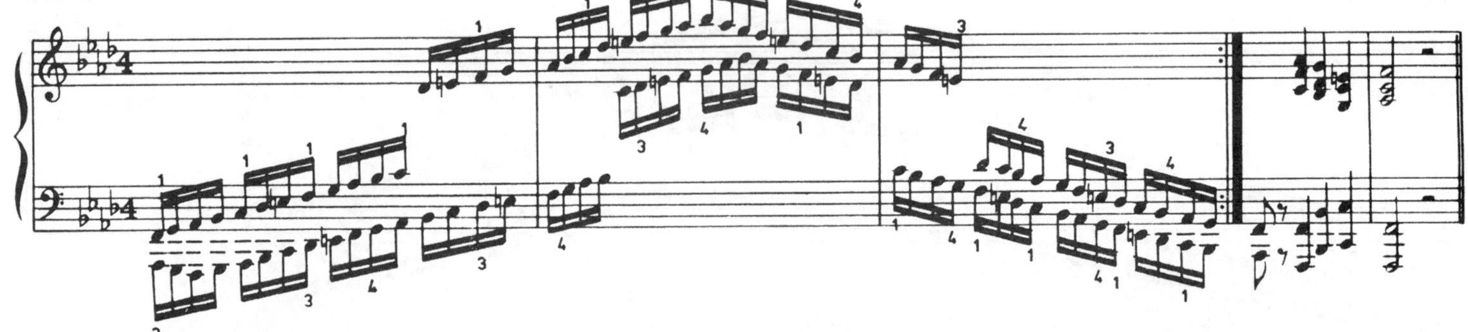

DÓ menor

SOL menor

RÉ menor

Escalas Maiores

Em Terças subindo e descendo

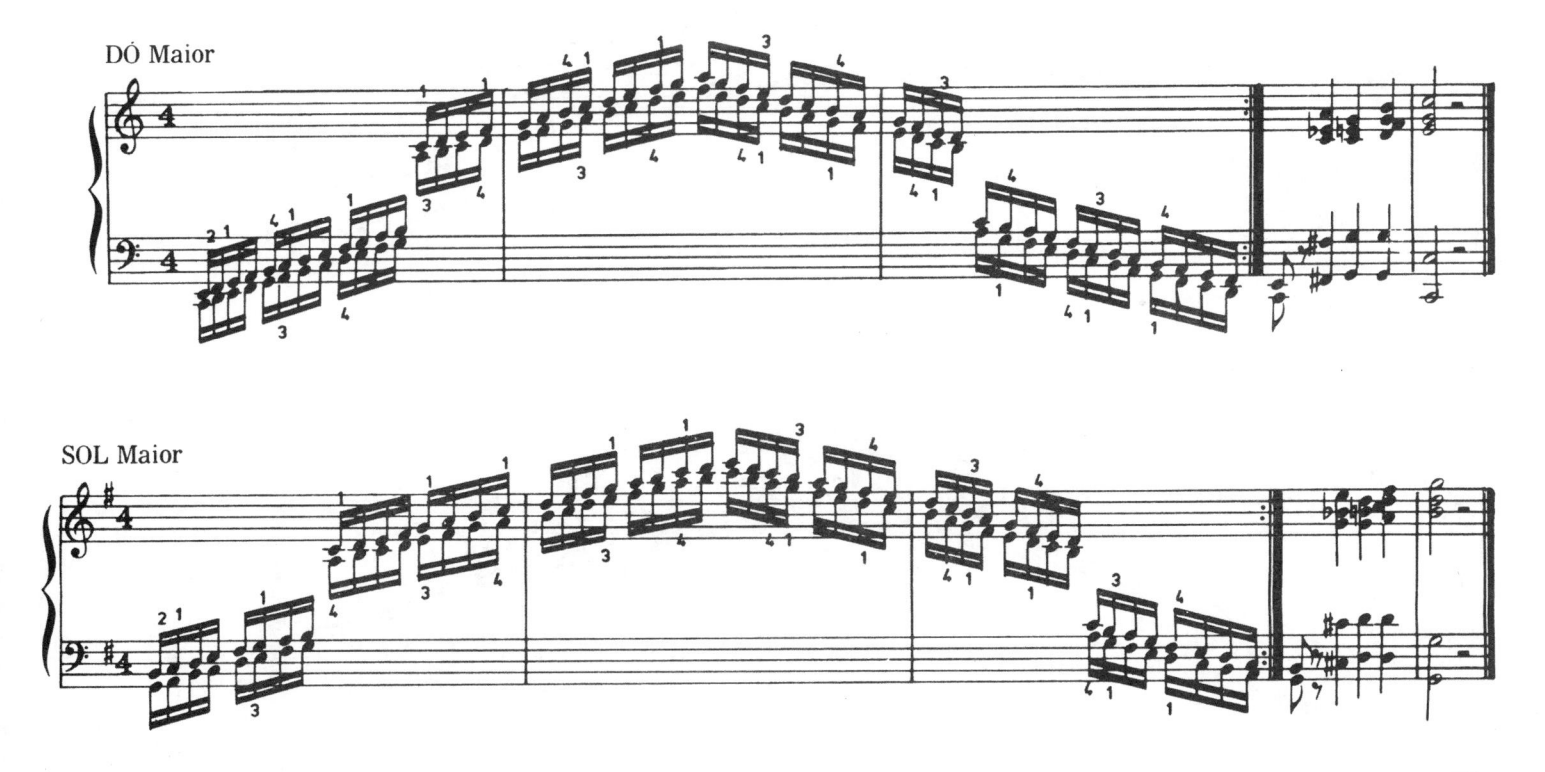

DÓ Maior

SOL Maior

RÉ Maior

LÁ Maior

MI Maior

SI Maior

FÁ# Maior

130

RÉ♭ Maior

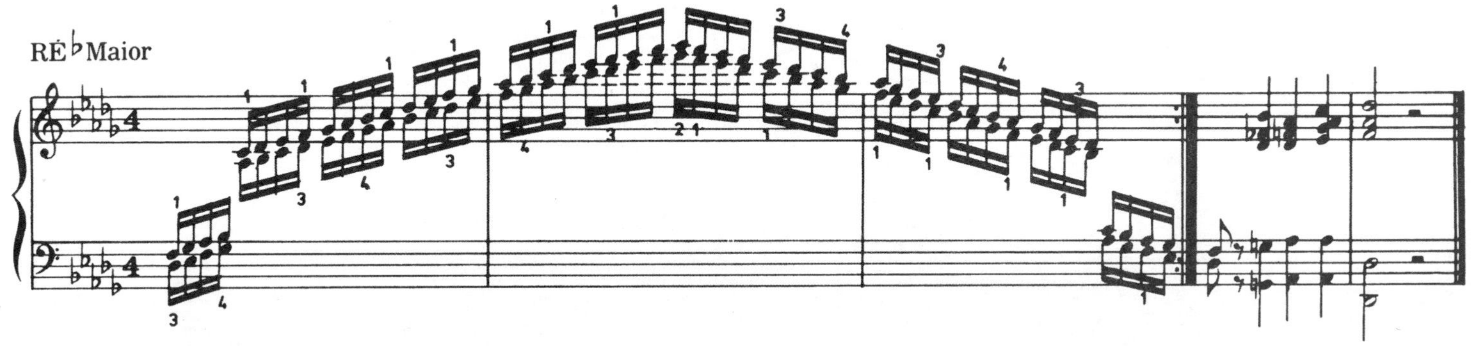

LÁ♭ Maior

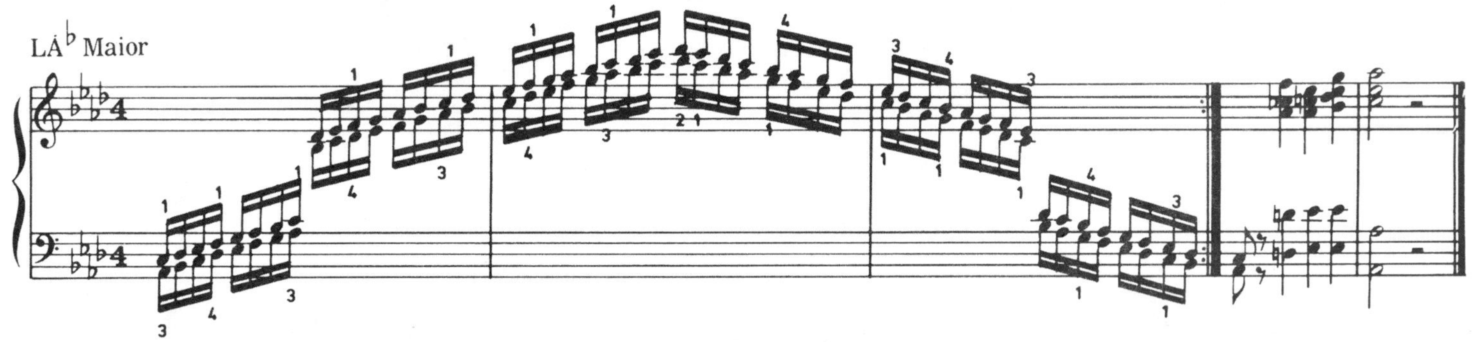

MI♭ Maior

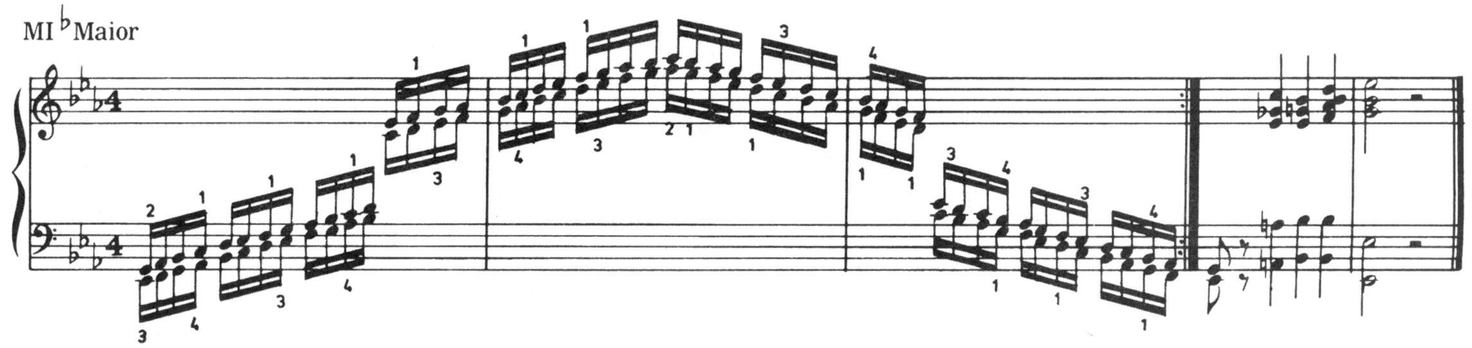

SI♭ Maior

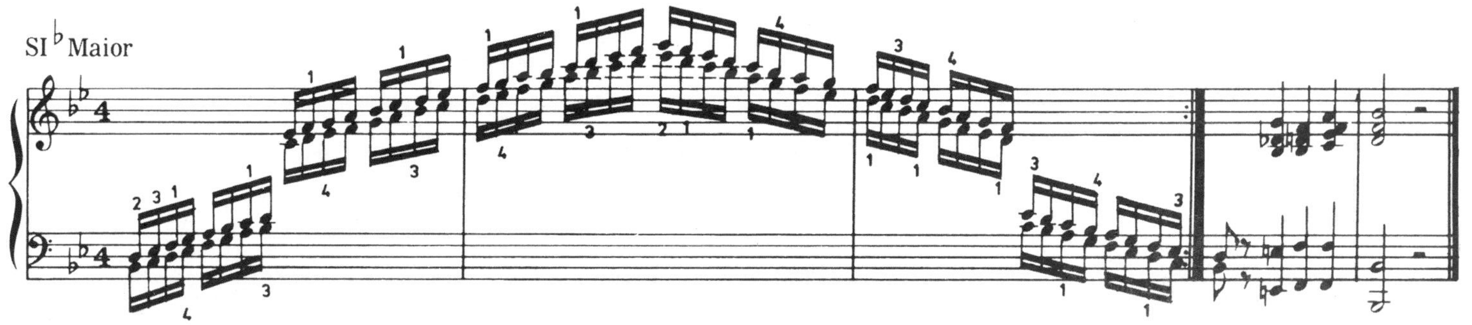

FÁ Maior

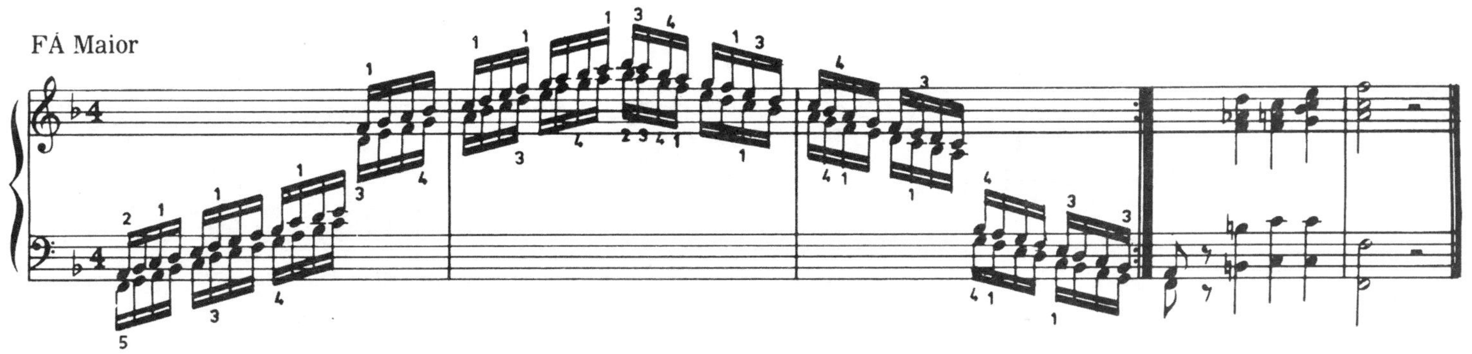

Escalas Menores
Em Terças subindo e descendo

LÁ menor

MI menor

SI menor

FÁ# menor

DÓ# menor

SOL# menor

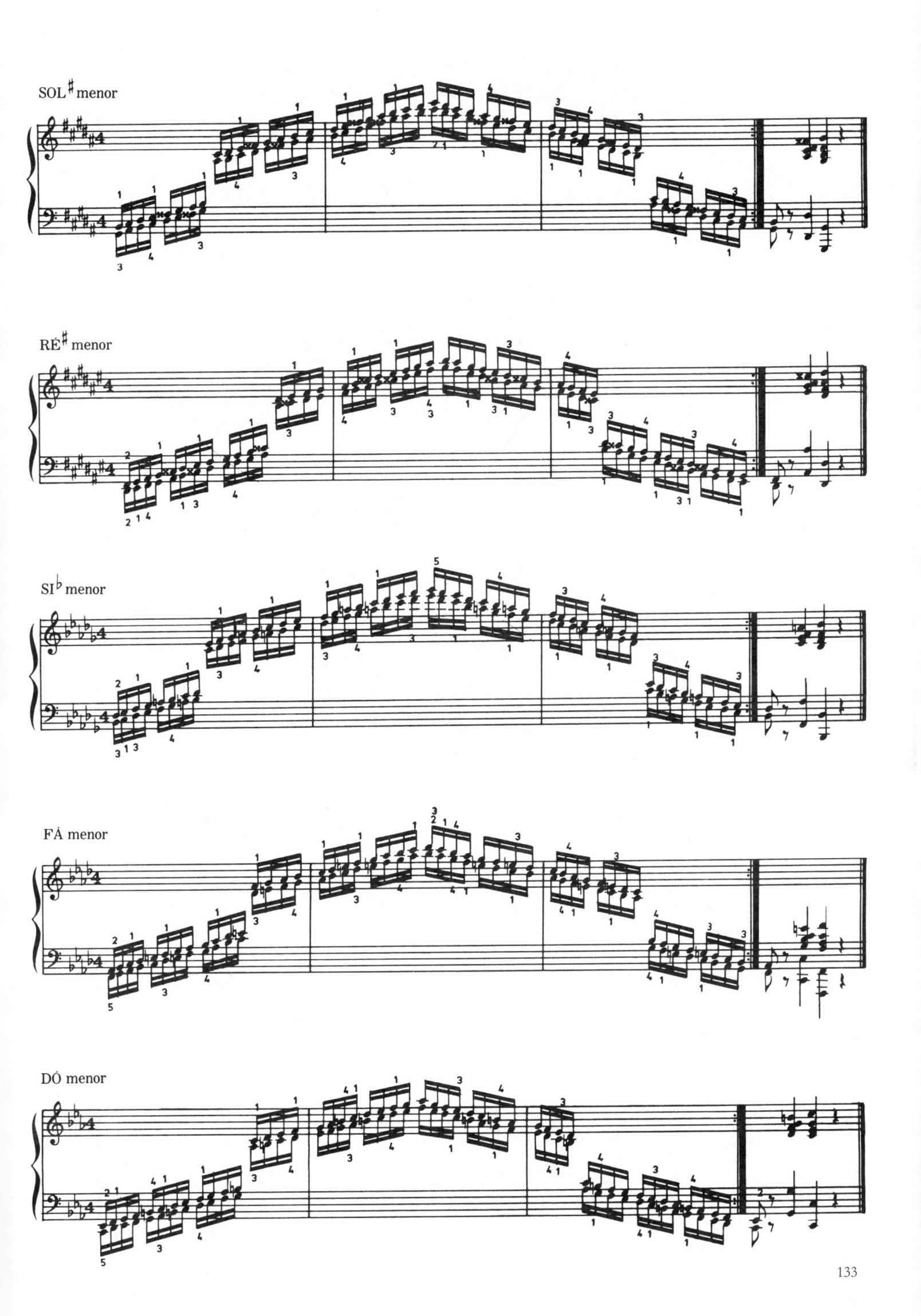

RÉ# menor

SIb menor

FÁ menor

DÓ menor

SOL menor

RÉ menor

Exercícios em Oitavas

O primeiro exercício deve ser estudado por mãos separadas, para depois juntá-las.

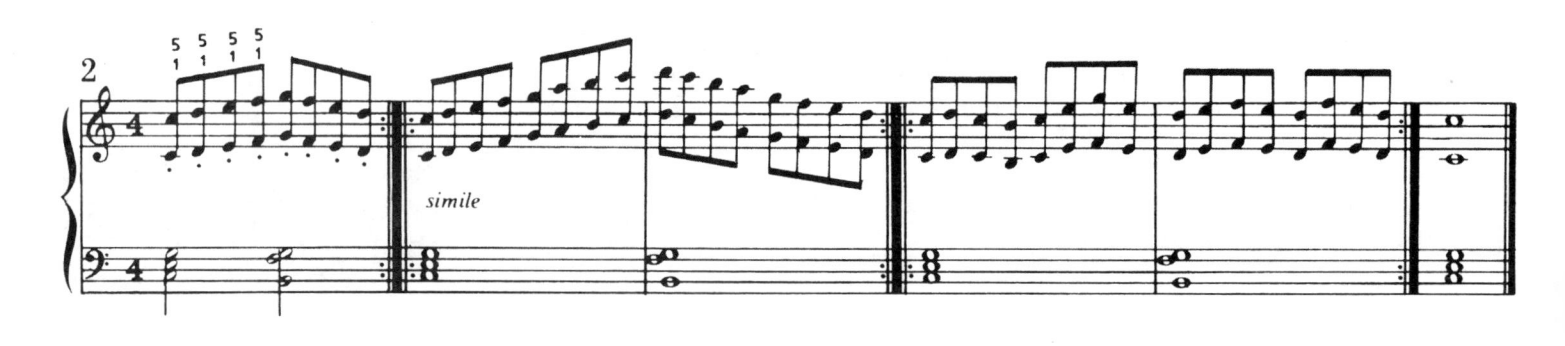

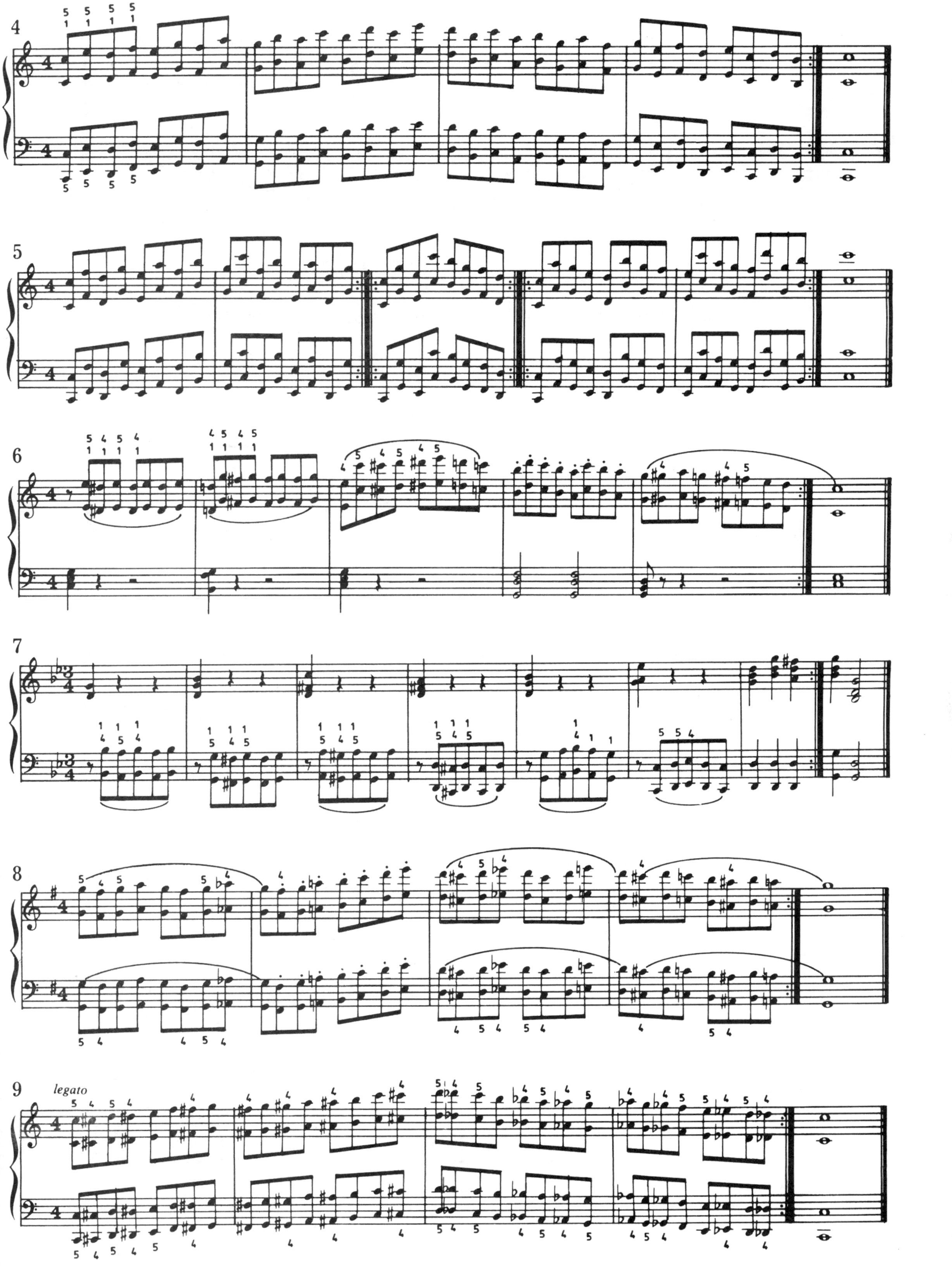
4
5
6
7
8
9
legato

Oitavas Arpejadas

É preciso ter muito cuidado que as duas notas da oitava com arpejo sejam ligadas e de valor perfeitamente igual.

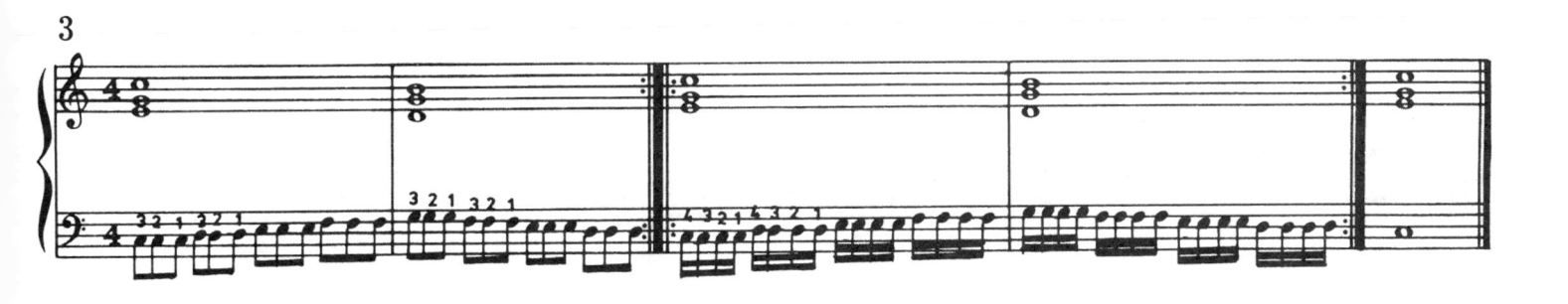

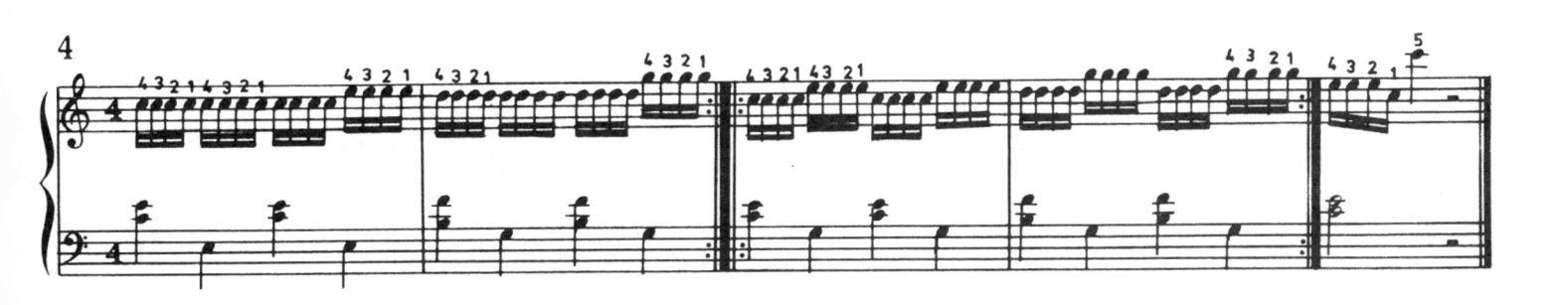

Exercícios

Para aprender a dar as notas repetidas

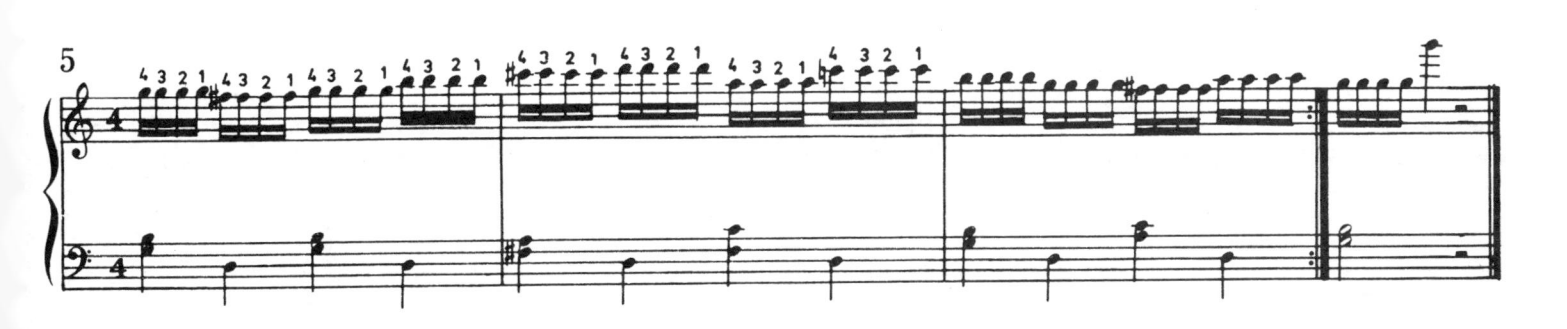

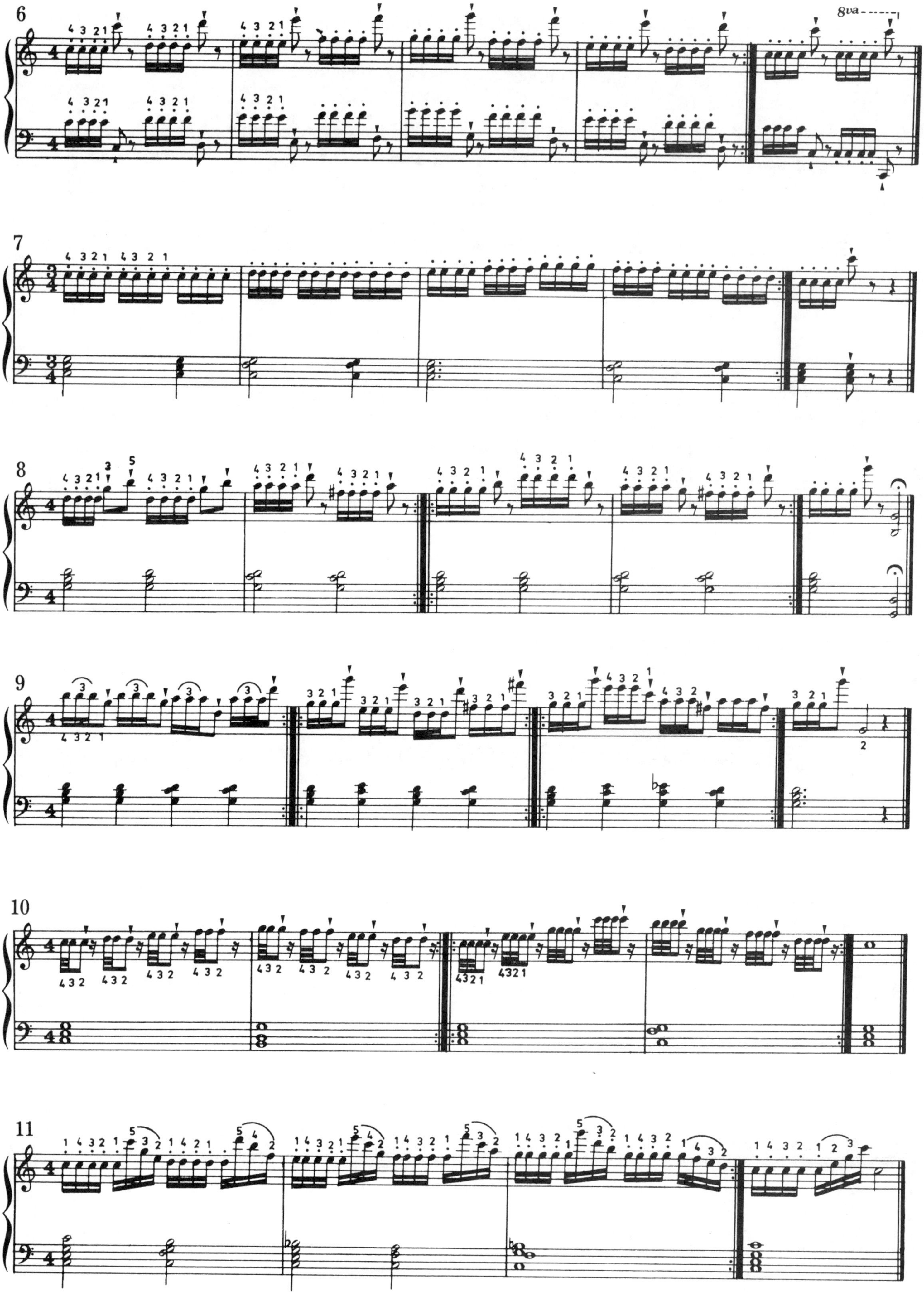
6
8va
7
8
9
10
11

Exercícios

Para as diferentes maneiras de cruzar as mãos

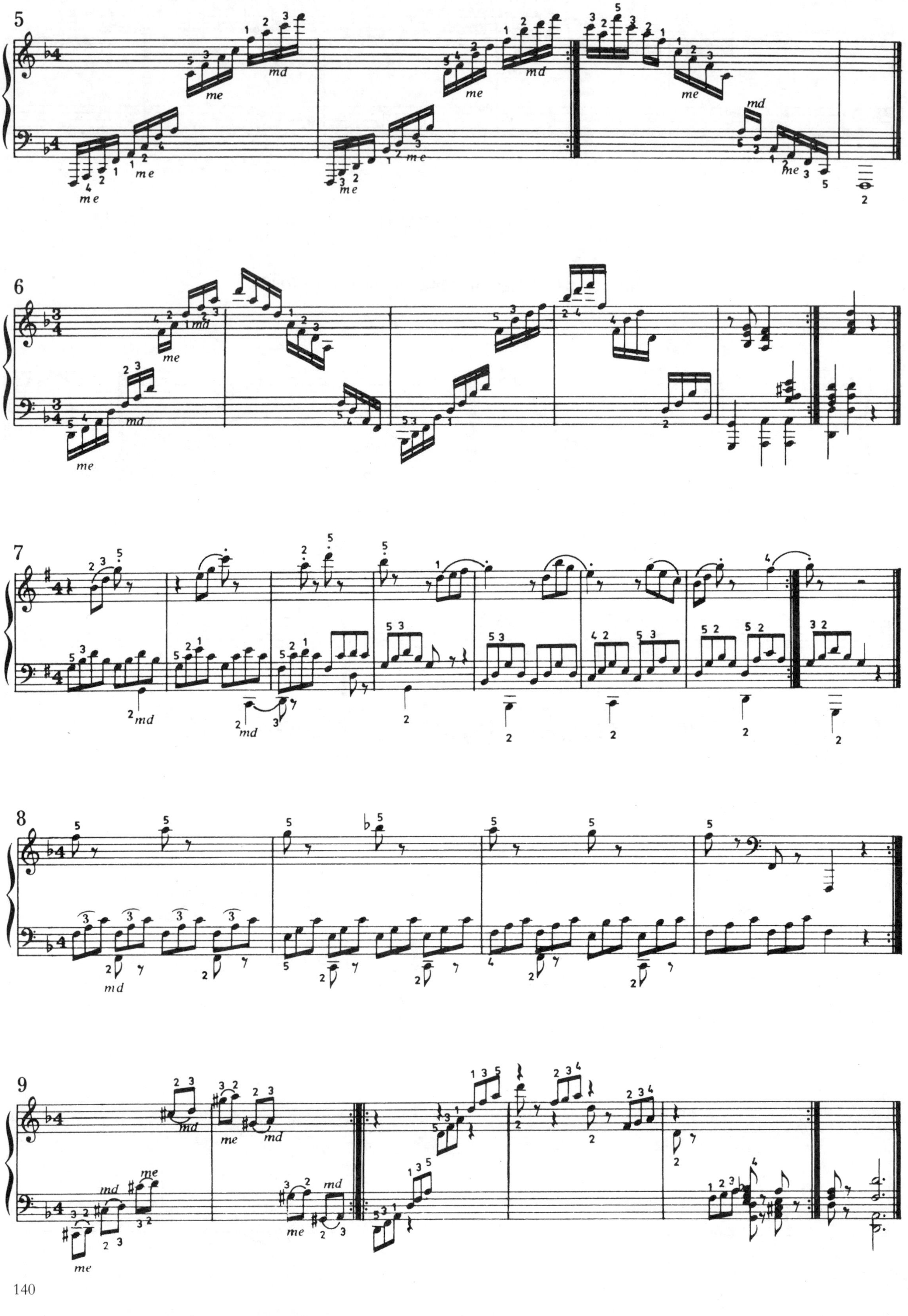
5
6
7
8
9
me
md